上海家长学校
家庭教育指导丛书

相旭东 主编

家庭文化与家庭教育

孙传远 编著

上海人民出版社 上海远东出版社

图书在版编目(CIP)数据

家庭文化与家庭教育/孙传远编著.—上海：上海远东出版社，2021
(家庭教育指导丛书/相旭东主编)
ISBN 978-7-5476-1716-8

Ⅰ.①家… Ⅱ.①孙… Ⅲ.①家庭教育 Ⅳ.①G78

中国版本图书馆 CIP 数据核字(2021)第 125500 号

责任编辑　程云琦
封面设计　李　廉

本书由上海开放大学家庭教育教材开发与出版项目资助出版

家庭教育指导丛书
家庭文化与家庭教育
孙传远　编著

出　　版	上海远东出版社
	(200235　中国上海市钦州南路81号)
发　　行	上海人民出版社发行中心
印　　刷	上海信老印刷厂
开　　本	890×1240　1/32
印　　张	7.375
字　　数	124,000
版　　次	2021年7月第1版
印　　次	2021年7月第1次印刷

ISBN 978-7-5476-1716-8/G・1102
定　　价　48.00元

家庭教育指导丛书

编委会名单

主　　任	王伯军
副 主 任	王松华　江伟鸣　姚爱芳
编委会成员	张东平　蒋中华　徐文清　王　芳　祝燕国
	赵双成　吴　燕　毕玉龙　钱　滨　王　欢
	应一也　张　令　陆晓春　朱　斌　叶柯挺
丛 书 主 编	相旭东
本 册 主 编	孙传远
本 册 作 者	相旭东　孙传远　张大伟　李　辉

总序

"谁言寸草心，报得三春晖。"孟郊在一千两百多年前，就一语道出家庭养育的真谛。寸草之心，难报三春晖。父母之爱，唯一为了分离的爱，而不是为了回报的爱，更不是为了索取的爱。父母爱孩子，是为了孩子有能力渐行渐远，可以独立生活在这个世界；父母爱孩子，是无私的付出。但是，为什么那么多父母爱孩子，结果是孩子发展得并不好，甚至事与愿违，以至于今天铺天盖地的父母焦虑情绪，把教育工作者挤压得焦头烂额、不得安宁？教育，天底下最美好的事业，不应该这么难呀！

中华人民共和国成立70多年来，我们的学校教育获得了长足的发展，社会主义建设的伟大成就，离不开从国家最困难时期就始终坚持优先保障的未来事业——教育的成功。今天，我们的教育要满足人民美好生活的需求，需要自我革新，进一步发展，要成为更优秀的教育。家庭教育是当前教育事业发展中的一道坡坎、一个瓶颈。

从 2015 年春节团拜会上习近平总书记强调要注重家庭、注重家教、注重家风，到同年 10 月教育部印发《教育部关于加强家庭教育工作的指导意见》；从 2016 年 10 月全国妇联、教育部等九部门共同印发《关于指导推进家庭教育的五年规划（2016—2020 年）》，到 2019 年 5 月九部门再次印发《全国家庭教育指导大纲（修订）》，再到 2021 年 1 月 20 日，十三届全国人大常委会第二十五次会议审议通过《中华人民共和国家庭教育法（草案）》。每次重要的决策及其精神都显示了我们国家的家庭教育越来越受到重视。它不仅关乎个人成长、家庭幸福、社会安定，更关系到国家富强和民族复兴的伟大事业。

但是，全社会对家庭教育的重视，目前还停留在两个层面的初级阶段。在"供给侧"层面，主要是尚未形成系统化的家庭教育理念、方法的指导和安全警示方面的宣教；在"需求侧"层面，主要是焦虑的家长群体为缓解自己的焦虑而四处求索。家庭教育光靠重视还不够，还需要实务理论体系、公共管理政策及其制度的建设。受上海开放大学王伯军副校长和诸位领导的信任，领命主编本套丛书，我倍感光荣且责任重大。我有幸找来了志同道合的伙伴，我们快速组成了编写团队，期望努力在家庭教育指导工作者培养和家庭教育科学普及方面有所贡献。

本套丛书内容整体编排有一个自下而上，再自上而下的过程：自下而上，是指我们的内容首先来自家庭教育指导第一线实践经验；自上而下，是指在自下而上汇总实践经验的基础上，我们组织专家团队讨论分析，最终确定丛书编写方案。我们力争做到有体系，深入浅出，既有理论深度又有实践经验，用生活化的语言向读者传达科学道理。丛书分为五个分册，从五个侧面阐述了家庭教育及其指导服务。

《家庭文化与家庭教育》可以说是整套丛书的开篇。我们中华民族的文化特征之一就是家国文化，它犹如浩瀚之水，填满每个小家庭的水缸。这浩瀚之水就是家庭文化的共性，它包含了我们的历史、文字、习俗、法律、政策等，呈现在社会主义核心价值观中，深刻地影响着一代又一代中华儿女成为炎黄子孙。一户家庭小水缸里的水，就是家庭文化的个性，它伴随和响应着浩瀚之水，深刻而直接地影响家庭教育，使得这个家庭里的孩子成为已然如此或未来可能的生命个体。家庭教育指导分为科学宣教和个案咨询（辅导）两部分，如何做好这项工作，我们在这一分册中用一个章节作了比较详细的介绍，提供了具有代表性的实际操作案例。

《身心发展与家庭教育》从身心发展角度来阐释家庭教育。虽然家长们能比较容易地查询到儿童身心发展规律的相关知识，但是，现实生活中，因为认知的偏差，很多养育者在养育孩子的行为上存在失误甚至比较严重的错误。家庭教育要符合儿童身心发展的规律，有一些基本的原则是不能违反的。这一分册第一章首先以通俗化的语言来介绍有关身心发展的基本知识；第二章介绍符合身心发展规律的各阶段家庭养育和教育行为，以实际案例来帮助读者理解知识，重在提供实践意见；第三章针对当前在校生中普遍存在的情况，帮助读者理解孩子的自我伤害和自我妨碍行为，并且提供预防和帮助的实践意见。鼓励家长不仅要看见孩子、看明白孩子，还要学会看大和看远。

　　几乎所有家长都知道好习惯对孩子的成长有多重要，但自身具备好习惯的家长比想象的要少，能够真正理解好习惯是怎么通过行为内化为态度并且施加正确引导的，又更少。我们在《学习管理与家庭教育》中提出了学习管理的理念。从普遍存在的家长对习惯的曲解开始，介绍以学习者为中心的学习管理。孩子们的学习首先是个人的、家庭内部的，然后是学校的、社会的。作为成年人，家长有义务、有必要帮助孩子实施学习管理。学习管理不仅是向内的对自我的管理，还包括对外部的社会资源的运用与整合。所以，它是一个家庭成员共同参与的家庭管理。

树立以学习者本人为中心的学习管理理念，学校学习机会和社会学习机会都是需要去管理的学习资源，家庭学习已然成为家庭生活中重要的部分。不论有意无意，从心智发展和个人认知角度来理解，学习时刻在发生。同时，我们必须高度重视今天每一个人都不能脱离互联网的现实，互联网场景下的学习管理，变成一件很重要又很棘手的事情。这一分册的第三章专门介绍这一方面的趋势、现状和管理探索。

《家庭关系与家庭教育》着重介绍隐含在家庭人际关系中的结构性应力关系（系统动力）是怎样影响了孩子的成长，家庭教育需要如何应对和驾驭这种无形而强大的力量。

今天多元化的家庭和家庭中丰富的迭代关系，为家庭教育带来了更多不确定性。父母离异到底会对家庭教育产生什么样的影响？为什么同样是父母离异，有的孩子发展得很好，有的孩子发展得很糟糕？我们在这一分册中用一个独立的小节，对父母离异的孩子进行比较充分的解读并给出家庭教育建议。诸如服刑人员和吸毒者的家庭、留守儿童家庭等面临一些特殊家庭关系的情况，孩子们及其家庭可能更需要家庭教育指导者的帮助，我们用了一个小节进行专门的讨论。

城市化发展,已经使得以往的家族支持系统发生重大变化,尤其在家庭教养方面变得更加小家庭化,更加需要寻求社会支持。社会公共服务是否做好了这方面的教育支持,目前做得怎么样,公众需求在哪里,未来会怎么样?这些问题,我们放在本丛书的《社会发展与家庭教育》中进行探究。

由于千百年的中国文化根基,家庭需要并且已经习惯于族群社会支持体系。中国社会已经发展到知识经济时代,这种传统模式依然存在;但是也必须看到随着城市化发展,家庭小型化促使家庭开始寻求基于公共服务的社会支持,或者社交型社会支持。家庭的这种社群关系影响着家庭本身的成长,同时也影响着家庭成员的成长。今天,全社会都在提倡社会工作,社会工作体系中有家庭社会工作,也有学校社会工作,还有青少年社会工作和儿童社会工作的划分。这些社会公共服务目前处于什么样的发展水平,与学校教育、家庭教育具有怎样的关联,如何运用和促进社会工作进而促进家庭教育的指导?这些都是我们要深入探讨的领域。

绝大部分家长和专业工作者,都会把家庭教育指导与心理学联系起来。心理学方面的服务体系目前建设得怎么样,家庭教育如何寻求心理学的支持,心理学如何为家庭教育保驾护航甚至提供更贴切的主动服务？这也是需要我们积极探索和回应的问题。

习近平总书记在2021年全国两会上强调："无论学校教育还是家庭教育，都不能过于注重分数；分数是一时之得，要从一生的成长目标来看。如果最后没有形成健康成熟的人格，那是不合格的。"让每一个孩子形成健康成熟的人格，是家庭教育的首要目标。它是一个过程性目标。如何让这个过程性目标与社会合拍，如何管理这个目标，是家庭成长中的重要命题。本丛书编写方案，尤其是内容体系的安排，我们两易其稿。其中关键的地方在于，实践中有效的方式方法，有些在传统理论中可能没有充分讨论，怎么办？

我们本着实事求是的基本态度，从实践出发，围绕服务好家庭教育，抓住事物主要矛盾，分析矛盾的主要方面，在矛盾的对立统一中发现解决问题的杠杆和路径，最终形成今天呈现在读者面前的家庭教育及其指导服务的五个维度、五种图书。我们相信这五个维度的内容，依然是实践经验和理论指导相结合的初步成果，它还有很多需要进一步探索和完善的地方。

本套丛书能够在这个令人兴奋的时代大趋势中，勇敢地先行一步，抛砖引玉，为家庭教育及其指导工作尽绵薄之力,对此我深感荣幸。我代表全体编写人员,真诚希望各界人士提出宝贵的意见。

相旭东

2021 年 5 月 15 日于茸城半日轩

序言

人、文化、教育，三者有机融为一体。

人，是文化的产物；人，也因为受到教育而成为真正的人。另一方面，人也创造了文化，并不断发展、丰富着文化；人在社会化过程中也不断充盈、革新教育。

文化与教育相互影响，文化影响着教育的发展，教育对文化的发展也起着重要的促进作用。另一方面，文化和教育也相互浸润、渗透和滋养。

正如文化与教育之间的关系一样，家庭文化深刻影响着家庭教育，传承和弘扬优秀的家庭文化是做好家庭教育不可忽视的基础；它是根基，也是生命成长的土壤。

每个家庭都存在家庭文化，家庭相互间很少比较，实际差异很明显。家庭文化，既有家庭的个性，又有中国家文化的共性。怎样理解中国的家庭文化，是一个家庭教育者树立优化家庭文化意识和实施家庭文化优化的基础。

想到家庭文化，自然联系到中国传统文化，当下社会主义核心价值观是中国优秀传统文化的集中体现。重视家庭文化建设，是中华民族的优良传统。

2011年，中共十七届六中全会提出社会主义核心价值体系是兴国之魂，决定着中国特色社会主义发展方向，强调建设社会主义文化强国，就要着力推动社会主义先进文化更加深入人心，推动社会主义精神文明和物质文明全面发展[1]。中共十八大进一步提出文化是民族的血脉，是人民的精神家园。2015年春节团拜会上，习近平总书记进一步强调"要重视家庭建设，注重家庭、注重家教、注重家风，紧密结合培育和弘扬社会主义核心价值观，发扬光大中华民族传统家庭美德"[2]。

因此，从文化与教育的关系着眼，探讨家庭文化与家庭教育的紧密联系，整体促进个人发展、家庭和美、社会和谐、国家富强、民族进步与繁荣是当前摆在我们每个人面前的重要课题。

我们的文化属性使然，人们理所当然会重视家庭教育。在当今社会转型发展时期，我们的家庭教育指导政策和社

---

[1] 《中共中央关于深化文化体制改革推动社会主义文化大发展大繁荣若干重大问题的决定》。
[2] 习近平. 不论时代发生多大变化我们都要重视家庭建设[N]. 京华时报，2015－02－18.

会需求是怎样的，它反映出什么？这既是家庭教育指导者要明白的，也是每一位家长应该要知道的。

广泛而多样化的社会需求，正使得家庭教育指导成为一项专门化的社会服务，家庭教育指导工作正在成为一种专门性的职业。界定和规范家庭教育指导服务，深入理解和研究家庭文化与教育的关系是当务之急。

基于社会需求和功能定位，家庭教育指导工作的职业操守是怎样的？家庭教育指导工作的工作范畴是怎样的？目前的业态和典型范例是怎样的？这一项工作有哪些基本要素，对从业者有哪些能力要求？应当本着怎样的一种专业定位和工作姿态来开展工作？要回答好以上这些问题，就需要有一种专门的工作方法或称"工作哲学"，来指导和规范家庭教育指导这一专门性的社会职业。

围绕家庭教育及其指导，本书试图从中国优秀传统文化、中国人的家庭文化、家庭教育指导政策、社会需求、职业规范、职业素养、指导工作要素等更加宽泛的角度去理解和界定家庭文化的内涵和外延，以期全面而准确地阐释家庭文化与家庭教育的关系。

孙传远

2021 年 6 月 20 日

目录

总序   001

序言   001

第一章 中国家庭文化与家庭教育   001

  第一节 中国家庭文化深刻影响家庭教育   004

    一、家庭文化及其研究   005

    二、我们应该从哪些方面来理解家庭文化   007

    三、大脑的浸润状态与家庭文化熏陶   012

  第二节 如何正确理解中国传统家庭文化   022

    一、古代以来中国传统家庭文化推动中国历史

       不断发展   023

    二、近现代以来中国传统家庭文化受到一定

       程度的冲击   029

    三、中国传统家庭文化的人生哲学在新时代

　　　　具有重要的现实意义　　　　　　　　　　035
　　第三节　新时代中国传统家庭文化焕发新风采　039
　　　　一、革命先烈和老一辈革命家留下的红色
　　　　　　家庭文化　　　　　　　　　　　　040
　　　　二、社会主义核心价值观依托中国家庭文化
　　　　　　深入践行　　　　　　　　　　　　046
　　　　三、从自身做起，努力弘扬中国家庭文化的
　　　　　　精髓要义　　　　　　　　　　　　052

第二章　家庭教育指导是中国家庭文化的社会需求　061

　　第一节　家庭教育社会需求的三个层面　　　063
　　　　一、从法律底线来看家庭教育的社会需求　063
　　　　二、从家庭成长来看家庭教育的社会需求　082
　　　　三、从社会发展来看家庭教育的社会需求　086
　　第二节　中国家庭教育的政策变迁　　　　　087
　　　　一、家庭教育政策概述　　　　　　　　092
　　　　二、我国家庭教育政策的历史变迁　　　098
　　　　三、我国家庭教育政策发展的现状特点　110
　　　　四、我国家庭教育政策的发展趋势　　　115
　　第三节　家庭教育指导的边界关系　　　　　124

一、家庭教育指导师与工作对象之间的
　　　　法律关系　　　　　　　　　　125
　　二、家庭教育实施者与受益者之间的法律
　　　　关系　　　　　　　　　　　　126
　　三、家庭教育实施者与其他家庭成员之间的
　　　　法律关系　　　　　　　　　　130
　　四、指导师与学校、村居委会、妇联组织、公检法、
　　　　律师等之间的法律关系　　　　132

第三章　符合中国文化的家庭教育指导职业操守　135

第一节　家庭教育指导的职业规范　　137
　　一、家庭教育指导的职业化发展历程和现实
　　　　需求　　　　　　　　　　　　141
　　二、家庭教育指导的职业规范　　155
　　三、家庭教育指导者的职业素养　162

第二节　家庭教育指导的范畴和范例　167
　　一、家庭教育的范畴　　　　　　169
　　二、家庭教育指导的工作范畴　　172
　　三、家庭教育指导的个案咨询　　173

第三节　家庭教育指导的工作要素　　186

一、家庭教育指导的主体　　186
二、家庭教育指导的对象　　190
三、家庭教育指导的环境　　194
四、家庭教育指导的目标　　201
五、家庭教育指导的方法　　203

参考文献　　206
后记　　208

第一章

中国家庭文化与家庭教育

亲爱的朋友，如果你比较关心时事政治或社会热点话题，你一定能发现关心家庭教育、重视家风家教，不仅是关乎个人和家庭的事，也是关乎社会发展的事。

习近平总书记特别强调要重视家庭建设，注重家庭、注重家教、注重家风的问题。家风是一个家庭的精神内核。一个家庭能否做到源远流长、薪火相传，其关键性因素就是这个家庭里的家风相传问题。在家风的传承问题上，家训、家规、家教起着至关重要的作用，尤其是家教的作用更不可替代。

正如习近平总书记指出的那样："孩子们从牙牙学语起就开始接受家庭教育，有什么样的家教，就有什么样的人。"习总书记强调"家庭是社会的基本细胞，是人生的第一所学校。不论时代发生多大变化，不论生活格局发生多大变化，我们都要重视家庭建设，注重家庭、注重家教、注重家风"。家风，既是一个家庭的精神内核，也是一个社会的价值缩影。它用之于家庭，不仅使家庭成员身心健康成长，而且也使家庭中的孩子在长大后能够顺利地成为对国家和人民有用的人。

第一节　中国家庭文化深刻影响家庭教育

家庭不只是人们身体的住处，更是人们心灵的归属。家风是社会风气的重要组成部分，它并不抽象，也不难懂。在日常生活话语中，家风就是门风，是从你家门缝里飘逸出来的一股风；看不见，但你的左邻右舍能感受到，与你相处的人能从你身上感觉到。

风，在农耕文明的中国文化语言符号中有很丰富的含义：移风易俗的风、风花雪月的风、风纪教化的风、伤风感冒的风……它是看不见的真实存在，避不开的真实存在，影响你的真实存在。用现代词汇来描述，可以把它理解为是一种把你浸润在其中的文化。家庭之风是一种家庭文化，它既有中国传统家国文化的背景共性，又有家庭个性化的气质特征；借用佛学的语言符号来概括，前者叫中国家庭的家庭文化"共相"，后者叫家庭的家庭文化"自相"。开放的时代文化背景和多元的家庭发展形式，加上组成家庭的每个家庭成员的个性特质和三观差异，使得每个家庭都有其家庭文化的自相特征。家庭文化深刻影响着家庭教育的过程和结果。

一、家庭文化及其研究

（一）家庭文化的内涵

家庭文化是一定社会历史条件下的家庭成员在长期的共同生活中所形成的家庭物质生活和家庭精神生活的思想观念、价值取向和行为准则，是对家庭成员共同的物质文化生活的环境、氛围、方式等方面的反映，是家庭物质文化和家庭精神文化的总和，是社会文化的重要组成部分。

先进家庭文化则是依循人类社会发展的根本规律，有利于生产力的发展，有利于国家建设，有利于改善家庭成员的物质生活和精神生活的进步的家庭文化。先进家庭文化包括先进家庭物质文化和先进家庭精神文化两个方面。先进家庭物质文化是指融现代化气息与中华民族优良传统于一体的家庭物质生活水平。先进家庭精神文化包括与时俱进的家庭生活方式，互相尊重、互相信任、团结友睦、互相帮助的家庭人际关系、邻里关系和符合国家法律、社会道德规范的有利于家庭成员成为"四有"公民的现代家政、家教、家风。先进家庭物质文化与先进家庭精神文化之间存在着相互影响，相互依存的辩证统一关系。所以建设先进家庭文化既要建设先进家庭物质文化,又要建设先进家庭精神文化。

(二)家庭文化研究综述

家庭文化研究的现有文献,多数集中在家庭文化内涵及其与社会文化构建关系等方面。李高海和王建指出家庭文化建设对构建社会主义和谐社会具有重要意义,如家庭的美德建设、助廉建设和慈孝文化建设都是构建家庭良好文化的基本。[①] 陈旸指出家庭文化是由其生活产生的,即在满足家庭生存和发展过程中表现的价值体现,同时认为家庭文化建设是维护家庭和谐、社会和谐及文明进步的重要途径。[②] 王伟宜认为拥有较多家庭文化资源的子女获得的入学机会更多,该资源具有代际传递特征,且家庭文化越是精英,其代际传递性越强;伴随着高等教育大众化发展,各阶层子女教育入学机会差异呈现先扩大后缩小的特征。[③] 赵桂兰指出新型家庭文化建设应以建设社会主义精神文明、发展社会主义先进文化为宗旨,以树立正确的家庭价值观、建立新型家庭秩序、强化家庭伦理道德和改善家庭教育环境为内

---

① 李高海,王建. 论家庭文化建设与构建社会主义和谐社会[J]. 南华大学学报(社会科学版),2008,9(2):22—24.
② 陈旸. 家庭的文化功能与和谐社会的构建论析[J]. 湖北社会科学,2012(4):43—44.
③ 王伟宜. 中国不同社会阶层子女高等教育入学机会差异研究[D]. 厦门大学博士学位论文,2006:5.

涵。① 梁成祥表明家庭文化对中小学生文化素养的和谐构建、文化品位的提升和人文、科学精神的培养具有重要作用。② 张尚字认为家庭文化建设的责任与社会文化建设的责任是一致的,和谐家庭文化建设可以不断丰富社会主义和谐文化。③ 李霞认为家庭文化包含家庭所有成员的知识层次、价值观念、思维模式、行为规范、生活方式和人际关系等,且是社会文化的一个组成部分,同时具有自身独特的性质和功能,因此搞好家庭文化有利于家庭成员的身心健康,也有利于社会文化的发展。④

可见,现有文献普遍提出家庭文化构建有利于社会文化构建,接受教育的程度会影响家庭文化构建。

二、我们应该从哪些方面来理解家庭文化

> **案例1-1**
>
> ### 看不懂的双胞胎
>
> 小庄兄弟是一对同卵双胞胎,哥哥叫庄大阳,弟弟

---

① 赵桂兰.新型家庭文化建设探析[J].人民论坛,2013(2):150—151.
② 梁成祥.论家庭文化对中小学生科学精神的培养[J].教育探索,2007(1):20—21.
③ 张尚字.大爱精神与和谐家庭文化建设[J].社会科学家,2010(6):105—108.
④ 李霞.新形势下如何把握"家庭文化建设"的内涵和深度[J].中国科技信息,2008(24):294—295.

叫庄小阳。两孩子在同一所学校读书,今年三年级。

妈妈来求助,说哥哥大阳情况很糟糕,几乎天天接到老师的投诉电话。这孩子在班级里总是招惹是非,对其他同学有肢体侵犯的行为,动不动踢人一脚、打人一拳,有一次因为不肯接受老师的批评教育,还咬了老师一口。现在,老师要求家长带孩子先去医院或者专业机构,解决孩子的心理问题或情绪问题,把孩子的行为调整好了再来上课。否则,会对其他同学造成很大的负面影响,有一些家长已经来学校投诉了。

两个孩子都来到了咨询工作室,在咨询接待中,我们发现这一对双胞胎其实性格上差异不大,都是比较外向的孩子。只是,哥哥的情绪明显不如弟弟稳定和安静,哥哥处于一种莫名的愤懑不平和焦躁中,容易被激怒,对自己的满意度很低。

进一步深入了解后我们发现,有一些来自家庭的基本信息跟这两个孩子的差异具有较高的相关性。他们的父母在五年前离异,离异的原因是父亲有过错行为(有了婚外情);当初男方父母希望女方谅解并维持婚姻关系,以后好好相处;女方父母坚决不同意,强烈主张女儿与女婿离婚。最终两人离异,两个双胞胎一边一个,哥哥在女方,和妈妈、外公外婆一起生活,弟弟在男方,和爸爸、爷爷奶奶一起生活。过了一年,爸爸进入第二段婚姻,女方就是之前婚外情的对象。

弟弟和爸爸、阿姨、爷爷奶奶一起生活。爸爸和阿姨外出经营家庭企业,每个双休日回来,全家大团聚,也会经常接哥哥过来一起聚。阿姨待人热情、性格外向。总体来说,弟弟的家庭生活是以相互体谅、接纳和关系舒张为基调的。

哥哥和妈妈、外公外婆一起生活,就没有弟弟这边舒服。五年来,外公外婆一直为女儿的婚姻抱怨,一直对前女婿的离经叛道耿耿于怀。家庭餐桌上几乎天天唠叨的就是告诫大阳要有出息,妈妈一个人带你不容易,持续不断地在孩子面前批判他的父亲。老人们认为,这是教育孩子将来要走正道。

一段时间以后,看似没有什么差异的一对双胞胎,开始出现比较明显的情绪和在校学习行为差异。尽管妈妈比爸爸投入了更多的时间和精力,带着哥哥参加各种兴趣班、补习班,弟弟相对比较按部就班地读书,可是两个孩子的差异逐渐明显,哥哥逊色于弟弟。文化课数学、英语成绩,两孩子差不多,符合我们所观察到的同卵

> 双胞胎的学习成绩都比较接近的普遍现象,差异主要表现在语文上,哥哥比弟弟差了两个等级。最主要的差异是在校行为表现方面,一个是跟别人一样的普通学生,一个正在沦为一般意义上的行为偏差生。

家庭就像一口大染缸,孩子们在家庭中被浸染成不一样的风采。上述案例中两个孩子的遗传基因一样,学校学习环境也基本一样,总体大的社会背景也基本相同。最主要的差异是家庭生活场景不一样,哥哥和弟弟的日常家庭生活特征差异明显。这两个不同家庭的特征,可以概括为:哥哥所在家庭的文化是抱怨、批评、告诫和强调结果目标("你必须要有什么样的成就")以凸显家庭的扬眉吐气;在个案咨询中,妈妈很快意识到这个问题,同时也很苦恼,因为她很难改变自己的父母亲,也不敢离开父母亲带着孩子独立居住。弟弟所在家庭的文化是宽容、接纳、期望和重视过程目标("把哥哥接来我们一起开心")以珍惜当下的家庭生活。这就是我们寻常百姓说的门风,看不见、避不开,却真真实实存在,影响着家庭中的每一个人,影响着孩子的成长。

家庭文化在家庭生活的各个层面体现出来。《易经》里说,观乎人文,以化成天下。人文,就是人表现出来的内心外化的符号,大到一部巨著,小到一块砖瓦。这中间包含着人的所思所想、所欲所表达,文化由此而来。家庭的文化要素,包含在生活起居、家规家教、家庭环境、家庭交往等家庭物质和精神层面;它们相互交叉叠合,融合在一起成为一个家庭的文化特性。

以生活起居为例,现在几乎每个家庭父母和孩子都分头忙于自己的工作和学习,吃饭时间仿佛是一天中最合适的家庭交流时光。餐桌文化是最具代表性的家庭文化标签,甚至可以是影响孩子发展的最重要的家庭文化集中地和杠杆点。

前述案例中哥哥和弟弟所经历的餐桌文化差异明显。哥哥在吃饭的时候,耳朵里面听到的是什么?弟弟呢?这里不用再详细介绍,你都可以估测出个大概。

我们可以从以下这些方面来理解家庭文化:

(1)家庭的物质生活,包括家庭对物质的选择、使用、爱护、浪费、炫耀、内敛等各种情状。

(2)家庭的环境特征,包括家庭装修风格、环境布置与整理、视觉和空间体验、嘈杂、纷乱、有序、精致、品位等各种情状。

(3)家庭的精神生活,包括家庭对文化精神层面的选择、追求、氛围、交流、体验等各种情状。

（4）家庭的规则意识，包括家庭内部与外部交流中的相处模式、利益选择、站位角度、利己与利他等各种情状。

（5）家庭的生活特点，包括家人相互关系、语言风格、行为协调统一、行为迁就掰扯、矛盾对立、融洽和谐等各种情状。

在每个家庭中，家庭文化特性基本都是由家庭的功能核心成员有意无意塑造出来的。它们看似一个万花筒，其实是一个聚合的强大气场，辐射出家庭文化的气息，深入心脾，影响着家庭中每一个成员，当然也直接影响着家庭中孩子的成长。可以这样说，每一个幼小的孩子都浸润在家庭的物质文化、环境文化、精神文化、规则文化和生活文化中身不由己地发展着。

三、大脑的浸润状态与家庭文化熏陶

人格心理学各个流派都不否认环境对以大脑为载体的人类心灵世界的塑造，我们的认知产生于我们大脑对身处其中的环境的感知。仔细观察和体会一下周边，我们的环境是人设还是自然？你很快能发现，主要是人设。大脑和大脑之间相互影响着，跨越时间和地理空间地影响着。当你去敦煌莫高窟游览参观的时候，无论你是惊叹、好奇还是懵懵懂懂，那些影响你认知的壁画来自千年以前的别的大脑，它们影响了你，借由图像符号，你们的大脑形成了共鸣。这是人类独有的现象，动物没有这种大脑。所以，我们必须明白和小心谨慎，从家庭教育角度来看家庭生活。家庭生活的各个层面，都在影响着年幼家庭成员的大脑产生属于它自己的认知，我们把这些家庭生活的各个层面，归结起来称为家庭文化，它是人类文明的产物。不同的文明孕育出不一样的家庭文化。基于人类文明的相融共通之处和差异化特征，家庭文化也有其共性和特性。

（一）大脑浸润在家庭文化中获得发展

心理学上有一个概念叫作"大脑的浸润状态"。

大多数人都有过到一个陌生城市问路的体验，初来乍到，我们向当地人打听到目的地的路线，将之记在纸上，集中注意力按路牌、地标一路找过去；现在使用卫星导航了，道理是一样的。路线往往能保证我们不走弯路，但是在这个过程中，因为注意力完全集中在路线上而忽视其他许多信息，比如气候、风景、路人、建筑等，所以，这个城市对他们而言仍是陌生的。如果我们有充足的时间在这个城市自行摸索，也许会走不少的弯路，但在这个走弯路的过程中，我们不断地熟悉起当地的建筑、街道……开始获得对这个城市的整体印象，创建一个地图。我们的大脑就是一个生活在它自己城市中的唯一市民和主人，我们对自己这个城市了如指掌，自动反应。但是这个城市的一砖一瓦、一草一叶都不是凭空产生的；它们来自生活的积累，来自我们出生以后所接触的整个环境对我们的熏陶，我们被浸润在这个环境当中。不管有意无意、愿意不愿意，我们的大脑始终处于浸润状态。

家庭是一个结构，生命早期大脑成长的环境，由这个家庭中的其他每一颗大脑的"城市地图"及其互动模式所决定。是它们决定了房间的颜色和大小，是它们决定了吃的喝的玩的，是它们决定了说什么、唱什么、听什么、看什么，也是它们决定了出去和回来。这种互动的环境对大脑早期的发育起着至关重要的作用。比如语言环境，在义务教育普及之前，绝大部分人没有经历过母语的语法学习。但他们都会讲母语，相互间的语法是一致的，是可以完全理解对方语言，并且还可以理解弦外之音的。这就是大脑神奇的功能，它浸润在怎样的环境中，就进行着怎样的自我塑造。用中国标志性的词汇来形容，叫作"耳濡目染"。

所以，我们每个人都是身边其他人大脑成长环境的一部分。小孩子在家庭里成长的过程，其实是家庭成员用他们的言行举止不断塑造这颗快速发育的大脑的过程。我们说家庭文化，微观来说就是一个小家庭的物质和精神生活的综合体现，就是孩子大脑发育的心理环境。父母长辈的思想观念、行为风格、喜怒哀乐、取舍判断，都是这个家庭文化大染缸的有机组成部分。孩子的大脑浸润在家庭文化大染缸中获得滋养和成长。

案例1-2

才子的家庭氛围

小祥是一名高中生，参加全国作文大赛获得一等奖，他的文言文作品被语文老师拿来在家长会上作展示，把它放在古文典籍一起，你可能以为就是古人写的。你可不要因此就以为小祥肯定是一名文科生。他初中时数理化经常拿满分。现在他是班级团支书兼物理课代表，又是学生社团的骨干成员。班级同学和他们的家长昵称小祥为"才子"。从家庭教育的角度，我们很想知道，是什么样的家庭、什么样的父母才能教育出这样的才子。我们采访了小祥家长，得到很多可能在当前看来与众不同的地方。

小祥称呼父母和家里其他长辈时一直用"您"。这个细节很多孩子根本没有意识到，也做不到。是父母特意要求的吗？不是。小祥父母说，是老师教的。这孩子诚实认真，幼儿园时老师教他们应该这样跟父母长辈说话,他就照办了,一直做到现在,已经成为一种习惯。那别的孩子老师不是也同样这样教过吗,为什么没有变成他们的生活用语?小祥爸爸说:"当孩子真诚对待你,而你不以为然或不尊重孩子的时候,这个就弄丢了。我们一向尊重孩子,重视他跟我们说的每一句话。爱孩子必须从尊重孩子开始。"

小祥家里居住面积比较宽敞,小祥和爸爸妈妈各有自己的书房。家里三个大大的书柜,每人有专属的一个。每人的书柜里放什么书、怎么放,都由自己管理,都可以随意拿来阅读。小祥的书柜里除了自己买的和学校发的,还有两本爸爸送的他自己写的书。看来,小祥是出生在一个阅读家庭。小祥妈妈说:"孩子2岁的时候,我们搬进了这个房子,以前房子没这么大,书柜倒是也有一个。这个房子装修时就设计好了三个标准:一是绿色装修,200平方米的面积,只用了3张猫眼三夹板;没用胶水,只用传统木工胶和铜钉,共用了3张三夹板;二是要两个书房配大书柜,现在是有三个书柜;三是客厅里孩子可以骑小自行车,可以玩耍。大概也不算阅读家庭吧。看书呢,儿子最喜欢一些。就是家里到处有书。床头边、饭桌上、茶几上……到处乱放,也不讲究。"

小祥爸爸写了书,就送给儿子。是否小祥从小受爸爸的影响,专心致志?小祥说:"我爸很勤奋也很自由,反正他还有很多时间看电视。他是我们家最早起的人,喜欢早起,两本书都是我们起床前的时间里写的。这我做不到,我喜欢睡觉。住学校以后,睡得晚一点了。以前在家里,我一般都是9点睡觉。"

这么忙碌的中小学生中,能9点睡觉的孩子并不多,小祥是其中一个。小祥初中毕业模拟考在全区第一名,他的老师说这孩子上课永远精神抖擞,目光炯炯有神。这跟小祥有充足的睡眠关系密切。整个初中阶段,小祥都是8点半前完成作业,9点钟睡觉。周五下午跟爸爸一起去运动锻炼,双休日永远至少有半天是休闲着的。小祥父母一致认为这是必须的,否则下一个星期就能量跟不上了。整个小学和初中,小祥几乎不参加补课,初三时,去一个数学老师家里请教了几次关于难题的解答和中考自主招生考试的应对经验。课外兴趣班小时候换过好几个,最后延续着的是软笔书法。

小祥喜欢历史,读初中时看过《史记》,初二时写过好几篇文言文,也能够创作韵律诗。这种写作兴趣,有时候也会让小祥"吃亏":考试的时候,他同样喜欢现场创作，不大愿意把写过的文章搬上考卷，难免会有"剑走偏锋"而失误的时候。这种写作风格，与家长和老师都有关系。小学三年级时，语文老师跟小祥爸爸说，小祥的作文跟别人不一样，虽然不规范，经常不按照老师提供的范文来写，但是他写得很有意味。老师决定不纠正他，但是这有可能在考试的时候影响分数，于是征询家长意见。小祥的父母一致同意语文老师的意见，让小祥保持这种写作兴趣，不要因为规范而丢了灵气。从三年级开始，小祥父母帮小祥建了一个博客，把小祥的作文（平时作业或者考卷上或者自己写的随笔）分类上传，小祥的博客吸引了不少好友，他们经常给小祥点赞。其中还有小祥敬佩的其他学校的语文老师和校长。小祥父母觉得，这个博客对孩子的成长很有促进作用。

小祥在小学一年级第二学期的时候，曾经遭遇小小的波折。某次体育课上，小祥和另外两个男生在操场远处玩耍，老师吹集合哨之后，三个男生可能没听见，等跑过来已经晚了。老师质问后得知，三个人在那里捡到一个旧钢笔套，在相互争抢。老师把孩子们带进办公室，小祥比较会讲，报告了事情经过。老师批评小祥不诚实，捡到东西应该要交给老师，并且把钢笔套塞进了小祥的衣领里。小祥回来后情绪不佳,爸爸妈妈询问之后,小祥说体育老师要求他回家向父母检讨自己的错误行为。

小祥爸爸了解了事情经过之后,告诉孩子错在了"只顾玩耍,没有听见哨音",但是,并没有"不诚实";相反,小祥一直以来是个诚实的孩子;体育老师这样说,是因为他生气了,而且把笔套塞进衣领里的做法是错误的;爸爸会去学校向老师解释,纠正对孩子的错误评价。小祥爸爸写好了情况说明,第二天送孩子上学后,直接找到了学校领导,要求该体育老师提供备课笔记以证明三个男孩听到哨子后最后归队是错误行为,提供判断小祥不诚实的依据,并且解释把笔套塞进小祥衣领里面是属于什么样的教育行为。学校领导连连表示该体育老师是一名新教师,有不适当行为,希望家长能够包容体谅。小祥爸爸向学校领导提出了一个具体要求:"老师需要家长体谅,那么孩子的受伤该怎么弥补和修复?现在我只提供一条参考标准,我要在两周之内从我儿子口中得知这位体育老师喜欢他,他也喜欢这位体育老师。要怎么做到,你们自己想办法。"两天之后,小祥就告诉爸爸妈妈:"那天体育老师自己心情不好,他误解了我,今天向我道歉了,还给我吃糖。"

这是一篇家长访问记录，里面包含很丰富的内容。它显示出这位家长与孩子之间的关系状态和他们的相处模式。这种相处模式折射出他们的家庭生活文化。

家庭文化氛围，书房和书架以及到处放着的书，可以想象这个家庭里看书是一种生活休闲的基本方式。用小祥妈妈的话来说"到处乱放，也不讲究"，这个"不讲究"恰好体现出阅读只是一种习惯了的生活方式，并不是一项特意安排的事情。反观我们身边很多家庭，看起来重视阅读，也很讲究阅读空间和阅读时间的安排，以及参加读书会、亲子阅读沙龙等，本质上可能把阅读理解甚至实践成为一种专门的学习，阅读可能演变成了一项任务。

亲子关系也是家庭文化氛围的集中体现，从案例内容可以看出，小祥爸爸更注重用行动来支持孩子。他自己早期写书，孩子看到的是勤奋；孩子遭遇不公正对待，爸爸用了比较合理而又巧妙的方式帮助孩子挽回自尊——找到学校领导，既抓住了那位体育老师的错误所在，又提出了一个微妙的要求：要从孩子口中得知他喜欢这位体育老师。每个双休日小祥至少有半天是休闲着的，周五会和爸爸一起参加运动锻炼，而很多学生没有这样的机会。

从案例中，我们可以触摸到小祥父母一种宽松有序又有内容的家庭学习管理。从孩子刚接触写作开始，他们便创造了一个以孩子为中心的平台——博客,这个博客在很大程度上促进了小祥的写作,同时促成了小祥的成就动机。尤其是小学语文老师的一次宁愿有可能少得几分,也要保持孩子的创造灵活性的家校教育沟通,从长远来看,这是难能可贵的。小祥父母要冒的风险是"孩子可能在近阶段的考试中因此少个一两分",语文老师要冒的风险是"家长可能计较分数得失,学生可能少一个高分";可喜的是,他们达成了有利于小祥长远发展的一致意见。

(二) 中国人的家庭文化熏陶

中国人当然受中国家庭文化的熏陶,尽管中国各民族之间家庭文化习俗有所差异,但就整体来说,我们的政策法令、文化艺术、社区管理,基本上都是以家庭需求为考量单位的。我们每个人出生以后,就被家庭文化熏陶着长大,只是我们大部分人没有自我觉知。今天,我们需要自我觉知,并且有意识地去感知和优化我们的家庭文化,增强家庭文化的教育取向,为我们的孩子创造优良的家庭教育环境。

家庭文化研究方兴未艾。一般认为,家庭文化可以从不同维度来区分和理解。从家庭文化的形态来看,可以有动态的家庭环境文化和静态的家庭环境文化;从横向来区分,家庭文化包含夫妻文化、父亲文化、母亲文化、子女文化、祖辈文化等层面;从纵向来看,可以向上追溯至千百年以前，再回转到当前的社会主义新时代，家庭文化既有一脉相承的部分，又有新时期新内涵的部分。我们从家庭文化对家庭教育影响的角度，从最容易直接引起家长注意的纵向来截取、介绍与当前绝大部分家长的家庭教育认知建构关联度较高的部分，进而组成本书的主要内容。

一是中国传统家庭文化的教育取向和传承吸收；二是中国共产党领导的新民主主义革命直至社会主义核心价值观文化视野中的家庭文化及其教育取向；三是当前与家庭生活及其教育取向密切相关的法律法规；四是我们高度重视和积极推进的家庭教育指导本身，也是新时期家庭文化及其教育取向的重要组成部分，它的政策背景、社会需求、行业探索和工作要素这些丰富的内容，向我们展示了一幅中国家庭文化场景中的家庭教育发展现状和愿景。

第二节　如何正确理解中国传统家庭文化

重视家庭教育是世界各国、各民族的传统美德。但是，大概很少有哪个国家和民族像中国和中华民族一样留下了博大精深的家庭文化。千百年来,中华文化典籍中留下难以计数的家教、家规、家书、家风的记载,成为中华优秀传统文化的重要组成部分。诸葛亮的《诫子书》,颜之推的《颜氏家训》,朱柏庐的《朱子家训》,曾国藩的《曾文正公家书》等,是其中较为脍炙人口的名篇。近现代以来,由于经济社会的发展变化,中国家庭文化受到一定程度的冲击,受到一定的质疑。但是,在进入新时期之后,越来越多的人意识到中国家庭文化的价值,使其重新焕发出勃勃生机。

一、古代以来中国传统家庭文化推动中国历史不断发展

2013年11月,习近平总书记在山东曲阜考察孔府时曾说:"这两本书我要仔细看看。"习近平要"仔细看看"的两本书,一本名为《论语诠解》,一本名为《孔子家语通解》。其中第一本书为人们熟知,它是所谓"四书"(《大学》《中庸》《论语》《孟子》)中的一种,曾有"半部《论语》治天下"之誉。而第二本书可能知道的人就不多了。实际上,它和《论语》性质是一样的,也是孔子言语和当时与弟子等有关人物对话的记录,但是在篇幅上要比《论语》多出近四倍,详细而具体地论述了孔子有关家庭教育的理念和观点。它和《论语》一起,鲜明体现了儒家"家国同构"的思想。

在中国两千多年的封建社会,儒家思想始终被奉为正统思想。在儒家看来,"家"即是"国","国"即是家,"国""家"密不可分。到北京参观故宫的朋友,会从故宫的整体建筑布局中鲜明地看出这一点。前面有三大殿——"太和殿""中和殿""保和殿",是皇帝处理国家大事的地方;后面有三大宫——"乾清宫""交泰殿""坤宁宫",是皇帝和嫔妃居住的地方。整体布局规范严整,"家天下"的理念可谓一目了然。实际上,不管是庙堂还是江湖,不管是帝王将相还是布衣草民,"家庭文化"的观念深入中国人的骨髓和血液,有力推动了社会历史的不断发展。

（一）中国传统家庭文化是国家保持稳定的"减压阀"

中国幅员辽阔、人口众多,早在秦始皇时期管辖范围就北到长城,南到桂林、象郡一带,人口近2000万人。到了汉代、唐代,中国疆域进一步扩大,人口达到8000万人。到了清代,中国疆域达到前所未有的顶峰,人口超过1亿人,成为世界上面积最大、人口最多的国家。在经济落后、交通条件非常闭塞的古代,行政管辖是非常困难的。然而,回顾中国五千年文明史特别是三千多年有文字记载的历史,尽管曾经发生过非常多的战乱和割据,但是"大一统"仍然是主流,很多朝代政权能够保持较长时间的社会稳定。这其中,中国家庭文化发挥了不可或缺的巨大作用,堪称社会稳定的"减压阀"。

在中国封建社会单一制的行政体制下，郡有郡守，县有县令。但在县以下，基本上没有行政权力机构，社会管理主要由非权力依托的家族士绅来承担。依据农耕文明而形成的家族，往往以"同姓"为单位集中居住，聚族而居，守望相助。在家族内部，成员之间信守约定俗称的村规民约，往往能够大大减少作奸犯科等暴力事件的发生，使得社会矛盾化解在基层，维持良好的治安。这些村规民约以父慈子孝、兄友弟恭、夫妻和美、邻里谦让为主要内容，强化家庭成员、家族成员的责任意识，也主持公道，倡导正义，维护家庭成员、家族成员的基本权利。

在这样的大家庭或大家族中，从高祖、曾祖、祖父、父、子、孙、重孙、玄孙的谱系繁衍生息、开枝散叶，家族成员之间互为兄弟姐妹、堂兄弟姐妹、表兄弟姐妹以及连襟、妯娌等的血缘关系或亲缘关系，共同构成自我循环且又自给自足的社会生态系统。整个国家社会即由无数这些社会生态系统组成。政权机构除了征收赋税外，并不和基层发生多少直接联系。家族内部有"戒讼"的传统，一般也不把内部的纠纷上交到官府解决，只有在涉及人命等恶性事件才"打官司"。如此官府和民间无为而治、相安无事，所谓"吾日出而作，日入而息……帝力于我何有哉"正是描绘这样的理想图景。

（二）中国传统家庭文化是家族兴旺发达的"催化剂"

中国由农业文明而衍生出来的家庭文化，注重家族的凝聚力，强化对家乡的依恋。所谓"父母在，不远游，游必有方"，在儒家文化传统中，并不主张或赞同子女或晚辈无缘由地背井离乡，到很远的地方去工作或生活。因为在交通极不发达的古代，这样可能导致家中的父母或老人得不到赡养和照顾，而在年迈之时陷入孤独无依的状态。又所谓"光于前，裕于后"，中国家庭文化要求个人在自己有所成就后对家庭和家族作出贡献。一些在品德、功名或著述中有所成就的先贤则被供奉在家族的祠堂之中，成为家庭或家族的荣耀，享受着后人的膜拜和崇敬。

在中国历史上，由于北方战乱频仍，一些村落的百姓以家族为单位大规模南迁，在魏晋南北朝、唐末、宋末、元末和明末达到高潮。其中有些家族乘坐船只从中原沿淮河、运河、长江、赣江、抚河南下，跋涉千里，最终到达人烟稀少的赣南闽西地区，成为客家人。在和当地土著的冲突中，客家人建起高大坚固的土楼，保持自己在中原时期的风俗、传统乃至语言长达几百年之久。由于赣南闽西山多地薄，无法养活更多人口，客家人又进一步以此为基地，向东南亚、南洋乃至世界迁徙。目前，居住在世界各地的客家人多达1

亿人。他们勤劳肯干，为所在国家和地区的开发作出了卓越贡献。

不管离家多远，中国人对故乡和祖先的崇敬是世界其他民族所罕见的。在陕西黄陵、山西洪洞或者河南一些地方，来自海外华人的寻根之旅络绎不绝。有许多海外华人在异国他乡勤奋打拼，历经千辛万苦而终于有所成就。但是，他们中的许多人心系祖国家乡，愿意拿出巨额钱财投资家乡的教育、医疗或产业。这种"饮水思源、情系桑梓"的朴素情怀和真挚情感，也是许多其他国家侨胞所缺乏或罕见的。另有一些旅居他乡的文人墨客写下的羁旅行役、绵绵乡愁的文字，代代流传，吟赏不绝，浸润着无数游子的心田，成为中华优秀传统文化中的重要内容和宝贵精神财富。

（三）中国传统家庭文化是激励个人奋斗的"加油站"

在中国家庭文化中，重视学习是其中十分重要的内容。在公共教育仍然不十分发达的古代，青少年教育主要是由家塾或私塾来完成的。正如皖南很多徽派建筑民居的对联所写的那样："一等人忠臣孝子，两件事耕田读书。"在中国人眼中，"耕田"和"读书"是密切相连而且刻不容缓的两件头等大事。前者主要解决人的衣食温饱，后者则构筑人的精神殿堂。在科举制度的感召和吸引下，很多平民家庭节衣缩食，努力在后代中培养出能识文断字的读书人，有的很有成效。"窦燕山,有义方,教五子,名俱扬。"(《三字经》)这些家庭并非多么宽裕,但是严格要求子女三更灯火、寒窗苦读,目的是"朝为田舍郎,暮登天子堂",最终获得功名、光大门楣。

在家塾或私塾中的教学内容大多是科举考试的主要书目——儒家"四书五经"。这些经典中励志的内容占据相当大的篇幅。其中比较有名的比如:"天行健,君子以自强不息;地势坤,君子以厚德载物"(《周易》),"学而时习之,不亦说乎?有朋自远方来,不亦乐乎?人不知而不愠,不亦君子乎?"(《论语》),"天将降大任于斯人也,必先苦其心志,劳其筋骨,饿其体肤,空乏其身,行拂乱其所为,所以动心忍性,增益其所不能"(《孟子·告子下》)。这些格言警句鼓励历代读书人以"立德、立功、立言"的"三不朽"为人生目标,志存高远,不断奋斗,有的即使垂垂老矣依然壮心不已,令人肃然动容。

在中国家庭文化中,重视父母对子女的言传身教,曾参杀猪是其中比较典型的例子。千百年来,涌现出孟母三迁、陶母拒鱼、岳母刺字等感人的故事。这些伟大母亲也许并没有太多的文化,但是凭借着自身的人格魅力和朴素品德把子女抚养长大成人。有的在子女功成名就之后,仍然给他们指点许多为人处世的道理。另有乐羊子妻、谢道韫、曹大姑、长孙皇后、李清照、管道升等女中豪杰,她们虽然没有机会通过科举考试进入政治舞台,但是深受中华传统文化影响,品德、胆略、智识均超过须眉男儿。她们甘当幕后巾帼英雄,精心辅佐、协助自己的丈夫、兄弟或晚辈勤奋努力,最终往往成就一番事业。

二、近现代以来中国传统家庭文化受到一定程度的冲击

1840年发生的中英鸦片战争,标志着中国近代史的开端。长期闭关自守的封建帝国被西方列强打开大门,随后一步步陷入半封建半殖民地的深渊。西方价值观念伴随着廉价的生产资料倾销中国,给中国传统文化特别是家庭文化带来巨大冲击。十月革命一声炮响,给中国送来了马克思列宁主义。中国共产党以马克思主义为旗帜,带领全国各族人民建立了新中国,但是这种崭新的意识形态对中国传统文化特别是家庭文化也带来重大影响。改革开放之后,包括美国、英国、日本等西方发达国家的价值观念又一次对中国传统文化特别是家庭文化带来巨大的思想碰撞,在当前很多青年人当中仍很有市场。

应当承认,在相当长的时间里,中国都是一个农业大国。中国五千年文明很大程度上都是农耕文明,中国家庭

文化正是这种农耕文明和文化的产物。近代以来，中国农耕文明受到西方现代文明的巨大冲击，充分展现了其自身存在的巨大缺陷。在先进的中国人寻求救国救民真理的过程中，经历了从器物到制度再到文化的发展历程，逐步对中华文明的缺点和不足进行深刻反思。在这样的背景下，中国家庭文化受到巨大冲击也就是题中应有之义了。毋庸讳言，中国传统家庭文化中的确也存在一些糟粕，这种深刻批判是非常有意义的。但在另一方面，在激烈批判的同时，也存在一些简单粗暴、矫枉过正的现象，影响十分深远。

（一）五四以来新文化运动的冲击

发生于1919年的五四运动，标志着中国现代史的开端。它最初的导火索是1919年巴黎和会上中国的外交失败。中国虽然自诩是第一次世界大战的战胜国，但是英、法、美等西方列强却并不买账，反而无耻地将德国在山东的特权转让给日本。消息传到国内，引起国民无比愤恨。北京大学等高校大学生走上街头游行示威，高呼"外争国权、内惩国贼""誓死力争，还我青岛"等口号，火烧北洋政府外交总长曹汝霖的官邸。随后，运动的中心由北京转移到上海。不仅大中学生，无数市民也参与这场运动，中国工人阶级第一次登上历史舞台。在国内舆论的强大压力下，北洋政府最终没有在巴黎和会上签字，五四运动取得了巨大胜利。

五四运动当然不仅是一次外交的胜利,其深远影响更在于文化方面。陈独秀是"五四运动时期的总司令",他主编的《新青年》高举"德先生"(民主)和"赛先生"(科学)的大旗,矛头直指中国旧道德旧文化。鲁迅发表于《新青年》的《狂人日记》是中国第一部现代白话小说,对中国封建社会"吃人的礼教"进行了猛烈的抨击。受五四运动的影响,巴金、冰心、茅盾、郭沫若等作家群书而起,创作出许多脍炙人口的文学作品。以巴金的《家》为例,他以四川成都的一个旧家庭为背景,创作了高老太爷、高觉新、高觉民、高觉慧、梅表姐、瑞珏、鸣凤等人物形象,深刻揭示旧家庭的荒淫、腐朽和虚伪,猛烈抨击了包办婚姻、腐朽道德对青年人美好爱情的戕害。受其影响,很多有志青年背离家庭,走上了革命道路。

在亡国灭种的重大危急关头,当时整个社会呼唤暴风骤雨、狂飙突进的"革命",而非循序渐进、小修小补的"改良"。为了开发民智、拯救中国,五四运动的主将们对封建文化和礼教的顽固堡垒进行猛烈的开火,立下了不朽功勋。但是,在巨大的破坏之中难免有"过火"和"偏激"的言论。比如,在批驳中国传统文化愚昧落后的同时,有人甚至认为中国文字也没有存在的必要,提出将其进行拉丁字母化。

在抨击中国家庭文化的糟粕时,也有学者把家庭中的父子、夫妻、兄弟等基本伦理秩序一概骂倒,把"君为臣纲、父为子纲、夫为妻纲"以及"仁、义、礼、智、信"等"三纲五常"不加分析地一概视为"腐朽""迂腐"的代名词。旧道德秩序遭到破坏,新道德秩序并未建立起来,难免造成一定程度的混乱。

(二)党的建设发展过程中"左"倾思想的冲击

1921年7月中国共产党的诞生,是开天辟地的大事件。她高举马克思主义伟大旗帜,使中国人的精神第一次由被动变为主动,改变了中国过去一盘散沙、精神涣散的局面,团结带领全国人民万众一心、众志成城,实现了从站起来到富起来再到强起来的伟大跨越,不断创造人间奇迹。马克思主义在中国的传播过程中,结合中国基本国情实现了两次理论飞跃,产生了毛泽东思想和中国特色社会主义思想。中国共产党人在传播和实践马克思主义的同时,对中国传统文化进行深刻的反思和批判,不断创造具有中国气派、中国风格的革命文化和社会主义先进文化。作为中华优秀传统文化的传承者和践行者,今天的中国共产党日益体现出更深层次的文化自信。

马克思主义的立场、观点、方法和中国传统文化有许多不同。中国共产党以马克思主义为指导,利用阶级分析的方法把社会分成若干不同阶级。她坚持无产阶级领导,形成包括工人阶级、农民阶级、小资产阶级和民族资产阶级在内的最广泛的统一战线,最终目的是推翻帝国主义、封建主义和官僚资本主义的"三座大山",建立起人民民主专政的新中国。因此,在共产党人的话语体系中,阶级以及与其相适应的同志、战友是第一位的。中国共产党人并非如国民党反动派所污蔑的毒蛇猛兽,也并非不食人间烟火,但是其所构建的"革命家庭"和中国传统意义的家庭并不完全相同。实际上,有很多出身较高的共产党人不屑于做地主或资产阶级家庭的"孝子贤孙",冲破牢笼,以斗争精神迎来了自身和国家的解放。

在党的建设发展过程中,"左"倾思想始终存在并曾给党和国家造成巨大危害,教训十分深刻。这种"左"倾思想在中央苏区、延安时期、建国初期不断发展,到"文革"时期则达到了登峰造极的地步。它的具体表现是:片面强调"阶级出身""阶级烙印",把"家庭出身"作为政治审查的一项重要内容。受其影响,由于"阶级观点"不同导致父子、母子、夫妻、兄弟姐妹之间的伦理关系十分淡漠,甚至一味鼓吹"大义灭亲"的"举报""揭发",从而留下了永久的"伤痕"。在"文革"后期,"温、良、恭、俭、让"的家庭社会道德被视为封建社会的"毒草"和"遗毒"而被踏翻在地,很多青少年被戕害得蔑视传统、无知无畏、蛮横无理、毫无家教,以至于

"救救孩子"的呼声一经提出便立刻引起社会的广泛共鸣。

（三）改革开放以来西方文化的冲击

1978年12月中共十一届三中全会召开，改革开放的春风迅速吹遍神州大地。在大力引进外资、技术、先进经验的同时，数以千万计的中国人走出国门，形成声势浩大的"出国留学潮""留洋打工潮"。由于主客观原因，中国已经被封锁了几十年。国门乍开，人们被国外特别是西方发达国家眼花缭乱的物质财富惊得目瞪口呆，也不可避免地受到西方价值观念的影响。不可否认，在改革开放之初，西方很多价值观念领先于中国，值得我们认真学习。西方有许多家庭注重民主，鼓励创新，强调独立，不拘泥于传统和形式上的各种繁文缛节，的确也更有利于培养善于表达、善于独立思考的阳光少年，也更有利于培养出具有丰富创造力的真正人才。

然而，西方社会中的"自由""民主""人权"价值观念并非抽象，也并非适应于一切土壤的普世价值。在西方社会中崇尚家庭民主，并无明显的长幼尊卑之序，父子、母子之间往往直呼其名，"Tom""Jerry""Peter"等不绝于耳，这对于中国人来说未必适用。西方社会强调培养孩子的独立人格，鼓励子女进行各种形式的勤工俭学，这固然值得我们借鉴和学习，但另一方面，西方社会重视金钱，年轻子女成人之后,两代人之间关系相对较为冷漠。许多人在年老退休之后孤苦伶仃、心情落寞,往往有很强的失落感或被抛弃感。他们在养老院中也许有较好的医疗保障,但是缺乏子女的照顾和探望。这显然也是中国人所难以接受的。

西方资本主义经过数百年的发展,在创造先进文化理念的同时,也形成了享乐主义、拜金主义和极端个人主义的糟粕,这对于改革开放之初的中国也造成了不少的影响。在打开改革开放大门的同时,中国开始实施计划生育的国策。在"一对夫妇只生一个孩子"的严格要求下,催生了独生子女的一代。有些家庭特别是老人对孙辈过度宠溺,在经济条件仍不宽裕的情况下也对孩子有求必应。这些孩子在成长为青少年之后,很容易成为这些资本主义糟粕思想的俘虏,衣来伸手、饭来张口、贪图享受、好逸恶劳。在走上社会工作岗位之后,他们往往极端自私,缺乏公德,不具备对老人的赡养意识,更缺乏对社会的奉献精神,成为不折不扣的"令人担忧的一代"。

三、中国传统家庭文化的人生哲学在新时代具有重要的现实意义

心理学赞成人生哲学的终极目标是追求幸福,中国传统家庭文化的人生哲学重视生命意义感:齐家治国平天

下。先来看一个当代中国年轻人的案例。

> **案例1-3**
>
> 　　小曹的家庭背景和个人条件良好,现就职于城管大队,多次经人介绍女朋友都不成功,最终自己谈了一个刚毕业的大学生。小曹原本想等女友落实好了新工作再结婚,却因为女友怀孕而突然决定提前结婚。眼下离结婚日期还有一个月,刚领取结婚证。小曹来寻求心理咨询,主诉:最近以来他经常感到胸口闷,有时候甚至好像缓不过气来。他怀疑自己心脏出了什么问题,就去医院就诊,医生检查下来没有问题。对照网上资讯,小曹觉得自己可能心理有问题,很焦虑,出现"失眠"现象;甚至怀疑自己得了抑郁症。

　　心理咨询师是怎样帮助小曹的,我们这里暂且省略。其中有一条,既是一个积极心理学的要点,又是一个我们文化的要素,值得我们思考——赋予目标以意义感。

　　从表面上看,小曹的害怕和担心,是一种面对计划外事情时候的逃避心态,本能地选择"它最好不要出现",这显示出小曹对于接手突然而至的生活安排自信心不够。自信的缺失,令他肢体症状更加明显地表现出来。而小曹接下来的举动更加剧了肢体的症状:到处求医,自己找病因。与其说是在积极治疗,不如说是在试图证明自己对身体的担忧是多余的。他由焦虑于自己所面对的人生事件,转向了焦虑于自己的焦虑,这才是小曹真正的焦虑。越焦虑越寻找,越寻找越焦虑;焦虑加剧了肢体反应,肢体反应进一步加剧焦虑。小曹步入一个恶性循环的漩涡。

咨询师深入到了小曹那份令很多人羡慕的工作背后的心理情结,小曹觉得工作看起来蛮好,其实却是了无趣味地站站马路,看看摊贩,收收东西。而他大学本科学的专业是经济管理。咨询师和小曹探讨了如何不要丢弃专业,如何让自己的职业生涯更丰满,如何看待眼前的工作,如何理解做好自己和做好工作的关系等等。

更深入一步,咨询师发现小曹的"病根"在于他的"群体美德"陷入迷惑:关于恋爱婚姻和婚前性行为以及未婚先孕,社会主流思想是怎样的态度,小曹不确定。更主要的是,小曹原本尚未打算结婚,对于自己的未来生涯发展还处于不确定的寻找阶段。他虽然已经大学毕业,有了一份事业单位编制的工作,但还没有形成自己人生的使命感、目的和意义。所以,他高度关注自我和负面的人生信息,没有关注身边人和正面的人生信息。他没有机会发现已经在自己生活中的生命情感阳光,还试图在别处寻找,更不要说意识到自己可以创造的幸福。咨询师的工作完成了带领他走到人生使命感、目的和意义的路口,小曹还要继续走下去才好。

中国文化是哲学的而不是宗教的,它对于人生的使命感、目的和意义有准确的生活化描述:格物致知诚意正其心,修身齐家治国平天下。

欲平天下,先治其国——放到今天,"治国"是指"做好工作,做好事业"。

欲治其国,先齐其家——"齐家"是指"关心、建设好你的家庭"。

欲齐其家,先修其身——"修其身",从家庭成长来说要"言传身教,身正令行"。

欲修其身,先正其心——自己是最大的敌人。所以,"正心"首先是要"从小熏修(弟子规)",其次是指要努力"消除自我障碍"。

欲正其心,先诚其意——坦诚面对自己,心正而身正。

欲诚其意,先致其知——正确认知,明白道理。

致知在格物——学习,区分真伪,学得真知。

《大学》中的这一段话集中反映了中国文化对人的天然使命感、目的和意义作出的逐层解释,学习是为了正心修身,修身是第一级。每个人的修为造化不同,其人生使命可以有所不同,平天下,次而治其国;治国或许也不能,那么齐家应该人人都可以。这种家国文化微妙细致地体现在家庭日常生活和家庭话语环境中,对孩子形成不教之教。

我们努力创造积极的社会心态,从小曹的案例,我们可以借用"积极心理学"这个词汇的文字符号,形象地进行富有中国文化意蕴的解释:积极心理学是指积极的"心"、积极的"理"和积极的"学"。这也是当今青年一代可以引以为参考的成长路径和方式,具有鲜明的新时代特征。

积极的"心"——依次为"孝心""悲悯心""天下心"。

积极的"理"——知道并遵守"伦理",具有"同理"心,追求"真理"。

积极的"学"——学人(圣人之道),学做(工作技能),学事(处事之道)。

第三节 新时代中国传统家庭文化焕发新风采

中国家庭文化源于中国优秀传统文化,随着中国共产党和中华人民共和国的成立,又不断注入了革命文化和社会主义先进文化的内容。在党的历史上,许多革命先烈和老一辈革命家留下了感人至深的良好家教、家风、家规。这些家庭文化剔除了中国传统文化中的夫贵妻荣、封妻荫子、光前裕后、提携乡党等封建内容，赋予了马克思主义大公无私、公而忘私、清正廉洁、反对特权等崭新内涵。进入新时期以来，中国家庭文化以社会主义核心价值观为指导，发展成为中国特色社会主义新风尚。与此同时，社会主义核心价值观又必须依托中国家庭文化为主要载体，才能真正入耳、入脑、入心。

一、革命先烈和老一辈革命家留下的红色家庭文化

世界上大概没有哪个政党比中国共产党为了国家独立和民族解放而付出如此巨大高昂的代价。在 28 年的浴血奋战中，仅有名可查的革命先烈就有 370 万人之多。许多共产党人和革命群众在抛头颅、洒热血的革命生涯中留下红色家书。通过这些家书，我们看到了一个个坚贞不屈而崇高伟大的灵魂。在中华人民共和国成立后，许多老一辈革命家始终保持革命本色，对于子女和亲属严格要求，留下许多感人的故事，并且涌现出许多英雄模范的感人事迹，他们为了人民利益舍小家、顾大家，看似冷酷的性格背后蕴含着深切的大爱。为了国家和民族的利益，他们舍弃"小我"成就"大我"，为自己的家庭、家乡和一切后来者留下了一笔

极其宝贵的精神财富。

（一）坚守信仰，先公后家

什么是中国共产党人的信仰？1922年中国共产党召开的二大曾提出最高纲领和最低纲领，其中最高纲领是"实现共产主义"，最低纲领是"反帝反封建，建立民主共和国"。在革命战争年代，无数共产党人坚守这一信仰，舍弃自己的小家，投身革命事业，直至牺牲生命也在所不惜。早期中国共产党员中有许多拥有不错的家庭背景，但是为了信仰宁可舍弃自己的家产。著名的"农民运动大王"彭湃出身于工商地主家庭，曾在其家乡广东海丰拥有"乌鸦也飞不过"的田产。但是，在成为一名共产党员后，彭湃带头焚烧自家田契，领导农友建立中国第一个县级红色苏维埃政权——海陆丰苏维埃政权，他本人最终于1929年在上海龙华英勇就义，年仅33岁。

另有一些共产党员拥有较高的社会地位，物质生活优渥，面前是锦绣一般的前程，却宁可从事"革命"这一危险而清贫的事业。中国第一个马克思主义者李大钊毕业于日本早稻田大学，在担任北京大学图书馆馆长时月薪高达三百大洋，而当时城市市民平均工资不到十块大洋。然而，李大钊的家庭却常常入不敷出，原因是他经常把自己的工资拿出来做革命宣传的经费或周济家庭困难的学生，以至于当时北京大学校长蔡元培不得不让会计科每月发薪时扣除一部分直接送到他夫人赵纫兰手中。赵纫兰是李大钊的结发妻子，年长其六岁，大字不识几个，但夫妻二人相濡以沫，感情一直很好。她在李大钊牺牲后继续培养子女投身革命，后来也被追认为中国共产党党员。

无数共产党员舍弃自己的小家、冒着极大的风险投身革命，根本原因是为了崇高的信仰，为了国家和民族的解放。著名革命先烈赵一曼在生命的最后时刻，给自己幼小儿子留下的遗书中是这样写的："宁儿，母亲对于你没有尽到教育的责任，实在是遗憾的事情。母亲因为坚决地做了反满抗日的斗争，今天已经到了牺牲的前夕了……在你长大成人以后，希望不要忘记你的母亲是为国牺牲的。"这封催人泪下的遗书，写出了一切共产党人的心声。是的，他们由于投身革命、戎马生涯而没有尽到一个好父亲、好母亲、好儿子、好女儿的责任，但是他们这种国而忘家、无私奉献的精神，使得中国家庭文化得到了新的升华。

（二）一心为民，严格治家

中国共产党人带领全国人民建立的是人民当家作主的新中国，作为党员干部不得以功臣自居，手中的权力是为了人民谋利益，而不是为其子女亲属谋好处。伟大领袖毛泽东同志的家族为了革命涌现出杨开慧等六名革命先烈。杨开慧的哥哥杨开智在中华人民共和国成立后曾经向毛泽东写信要求安排一个位置，遭到了断然拒绝。这其中的原因，毛岸英在给自己的表舅向三立的回信中进行了明确的解释："反动派常骂共产党没有人情，不讲人情，如果他们所指的是这种帮助亲戚朋友、同乡同事做官发财的人情的话，那么我们共产党人正是没有这种'人情'，不讲这种'人情'。共产党有的是另一种'人情'，那便是对人民的无限热爱，对劳苦大众的无限热爱，其中也包括自己的父母子女亲戚在内。"

不仅毛泽东，朱德、周恩来、刘少奇、陈云、邓小平等老一辈革命家和开国将帅大多留下宝贵的家风。他们践行"全心全意为人民服务"的根本宗旨，率先垂范，反对任何特权，甘当人民公仆，甘做人民的勤务员。在他们的言传身教下，其子女、亲属大多能够戒除"骄""娇"二气，在上学、参军和就业等方面自力更生、艰苦奋斗。

在社会主义建设时期，涌现出了雷锋、焦裕禄、王进喜等一大批英雄模范个人和群体。他们为了人民、为了集体的利益公而忘私，像大禹治水一样"三过家门而不入"。由于工作繁忙，他们不能像普通的父母或配偶一样陪伴自己的子女和家人，但却以崇高的人格魅力和精神力量影响自己的子女和家人。和前者相比，后者的影响是更加广泛而深远的。焦裕禄在担任河南兰考县委书记时，大儿子打着父亲的名号而免费看了一场戏。焦裕禄认为这不是一件小事,不仅训了儿子一顿,让他把票钱如数送到戏院,而且亲自起草针对县委干部特殊化的"十不准"。在他42岁英年早逝后,六个子女都健康长大成人,分别成为各行业的栋梁人才。

(三) 清正廉洁,勤俭持家

改革开放以来,随着生产力、综合国力和人民生活水平的不断提高,党员干部的家庭条件也有了很大程度的改善。一些投机分子和腐败分子趁机混进了党的干部队伍,他们恬不知耻地声称"当官不发财,请我都不来"。在这种不正之风的影响下,一些贪官凭借权势大肆鲸吞国家资财,在很短的时间内在家庭里囤积起巨额财富。贪婪的行径往往并不会给自己带来家庭幸福。在他们在位时,配偶子女飞扬跋扈,打着他们的旗号为非作歹。在他们东窗事发后,有的夫妻同案,有的父子同刑,"全家福"变成了"全家腐"。权力是一把双刃剑,不受监督的权力曾给他们带来了一些空虚而短暂的虚荣,但最终给他们带来无尽的屈辱和创伤。

随着反腐败斗争的不断深入,当前反腐倡廉工作已经取得了压倒性胜利,党风、政风和社会风气有了根本好转。作为一名中国共产党的党员干部,"选择当官就不能发财,选择发财就不能当官"已经成为普遍的共识。民族英雄林则徐曾说过:"子女若如我,留钱做什么?贤而多财,则损其志;子女不如我,留钱做什么?愚而多财,益增其过。"共产党员是彻底的唯物主义者,在对待钱财问题上理应更加豁达乐观。云南省原保山地委书记杨善洲在从政二十多年生涯中两袖清风、清廉任职,在退休之后又义无反顾扎根大亮山植树造林,并最终将价值3亿元的林场无偿上交给国家。他的家人和子女也非常理解和支持他的决定,这也是让杨善洲感到非常欣慰的。

司马光曾经说过:留钱给子孙,子孙未必能守得住;留书给子孙,子孙未必能读;不如于冥冥之中积阴德,以为子孙长久之计。对于中国共产党人来说,就是要做到全心全意为人民服务,切实为老百姓做好事、办实事、解难事。中国共产党肩负着为中华民族谋复兴、为中国人民谋利益的使命,承担着艰巨的重任。作为一名中国共产党员,使命极其重大,任务极其光荣。也因为成为一名中国共产党员,亲身经历并奉献这一伟大历程,使得自己有机会、有能力给子女和家人留下宝贵的精神财富。正像苏联作家奥斯特洛夫斯基在《钢铁是怎样炼成的》结尾所写的那样:"一个人的生命是应该这样度过的:当他回首往事的时候,他不因虚度年华而悔恨,也不因碌碌无为而羞耻。这样,在临死的时候,他才能够说:我已将我的整个生命和全部精力都献给了世界上最壮丽的事业——为人类解放而斗争。"

对红色家庭文化的理解，是家庭教育指导工作中的一项宝贵资源。今天，尽管是不需要我们抛头颅洒热血的和平年代，但对于我们维护良知、维护和平正义、维护人类命运共同体，依然具有指导意义。我们完全可以从建构积极心理的角度，去帮助孩子和他们的家长在今天这个各种价值观纷繁复杂的环境里寻找正面、积极、大爱、具有治国平天下之志向的心理源泉。这对于帮助青少年乃至成年人形成健康、成熟的人格，具有十分重要的意义。

二、社会主义核心价值观依托中国家庭文化深入践行

社会主义核心价值观在 2012 年中共十八大上一经提出，便立刻在全社会产生强烈共鸣。随着经济社会的迅速发展，中国不能像某些西方政客所污蔑的那样"在未来几十年，甚至一百年内，无法给世界提供任何新思想"。中国特色社会主义伟大事业需要有自己的主流意识形态，才能凝聚全社会共识，团结带领全国各族人民共同前进。社会主义核心价值观共 24 个字，是由社会主义核心价值体系精心提炼而成，包含着马克思主义指导思想、中国特色社会主义共同理想、以爱国主义为核心的民族精神和以改革创新为

核心的时代精神、社会主义荣辱观等重要内容。践行社会主义核心价值观是当前的重大任务，而中国家庭文化是其中的重要载体。

（一）"富强、民主、文明、和谐"：国家大业与家庭命运紧密相连

"富强、民主、文明、和谐"是国家层面的价值目标。"富强"首先在于富民、人民富裕，其次在于富国、强国，体现为国家拥有强大的经济实力。"民主"是人类社会的美好诉求和共同的政治理想，在中国的实质和核心是人民当家作主，反映了社会主义的本质要求和优越性。"文明"与野蛮、愚昧相对，是人类社会发展的积极成果和进步状态，也充分体现社会主义精神文明的建设水准。"和谐"是中华民族传统文化的基本理念和特有概念，是关于人与人、人与社会、人与自然和谐统一，在当前纷繁复杂的国际社会纠纷中特别具有现实意义。总之，这一组价值理念在社会主义核心价值观中居于最高层次，对其他层次的价值理念具有统领和制约作用，要回答和解决的是"建设什么样的国家"的问题。

国家大业和家庭命运紧密相连，在中国这片土地尤其如此。回顾近现代以来历史，国家积贫积弱、连年战乱，无数家庭妻离子散，挣扎在死亡线上。中华人民共和国成立

后特别是改革开放以来,国家发展蒸蒸日上,无数家庭也从此摆脱贫困,逐步过上温饱、小康和全面小康的生活。"大河有水小河满",没有国家的繁荣富强,就没有小家的和谐安宁。在这一点上,我们每个人都应该有清醒而深刻的认识。展望未来,中国制订了"十四五"规划和2035年远景规划,即使距离到2050年实现民族复兴的目标,也不过只有30年。届时,中国要实现"富强、民主、文明、和谐、美丽"的社会主义现代化强国,普通中国人的家庭将会更加幸福美满。

正像一首歌中唱的那样:"樱桃好吃树难栽,幸福生活等不来。"实现美好的国家远景目标,要靠我们每个人努力奋斗。新时代弘扬家庭文化,要营造团结向上的家庭氛围,鼓励家庭成员"家事、国事、天下事,事事关心"。一滴露珠可以折射太阳的光辉。要让国家强盛起来,首先要让家庭兴旺起来。要尊重劳动、热爱劳动,家庭成员一起努力用汗水创造美好生活;要互爱互助,相互尊重,努力营造人人平等的家庭民主氛围;要热爱学习、终身学习,努力创建学习型家庭,让家庭成员在学习中提升文明素质;要讲信修睦、相互谦让,让家庭成员真正能够感受到家庭中的温暖。一花独放不是春,百花齐放春满园。要让每个家庭成员都好起来,家庭才好起来,国家也才真正好起来。

（二）"自由、平等、公正、法治"：社会秩序与家庭规则同频共振

"自由、平等、公正、法治"是社会层面的价值取向。"自由"的实现条件是消灭阶级剥削和阶级压迫的制度，解放和发展社会生产力。它从来就是相对的、有限制条件的，是在法律保障前提下的自由。"平等"是人最基本的权利，公民在法律面前一律平等，其价值取向是不断实现实质平等，它要求尊重和保障人权，人人都有依法享有平等参与、平等发展的权利。"公正"是人类社会发展的基本理念和孜孜以求的社会理想，其本质在于社会制度如何分配基本的权利和义务。"法治"是实现自由、平等、公正的制度保障，也是国家长治久安的制度保障。总之，这一组价值观念既相互独立，又有机统一，是连接个人和社会的重要环节，体现了社会主义社会建设的内在要求，所要回答和解决的是"建设什么样的社会"的问题。

在平稳祥和的社会里，人民才能安居乐业。相反，当社会充斥着"找关系、走后门、潜规则"等不正之风，或者有"黄、赌、毒"和黑恶势力大行其道，人人自危，互相设防，哪里还有什么安全感和幸福感可言呢？好的社会关键是有秩序，人人守秩序。践行"自由、平等、公正、法治"的价值取向，家庭要守规则显得至关重要。"国有国法，家有家规"，

中国的家庭文化里最重视尊老爱幼、长幼有别，每一个家庭成员如丈夫、妻子、儿子、女儿都应该演好自己的角色。在这方面，子女、小辈理应承担更大的责任、作出更多的让步或奉献，帮助老年一代提高幸福感。知识经济时代，老年人群已然成为急需学习和适应新生活的人群；老龄化社会的需求不仅仅是老年人需要更多照顾，而且老年人需要继续学习以提高适应能力，全社会提倡积极老龄化的老年工作理念，公共服务必不可少，最终落实点主要在家庭。

　　从家庭规则中延展开来，要鼓励子女走出家庭，自觉遵守村规民约，认真处理好邻里关系，成为被邻里认可的"好后生""好小囡"。街坊邻居的认可远胜于自己父母的鼓励。参加社区志愿者活动是青少年走向社会的第一步。在志愿服务的过程中，青少年要逐渐学会分清辨别是非、美丑、善恶，学会礼貌待人、换位思考。父母可以与子女一道参加社区执勤、分类垃圾宣传、清洁卫生活动，在劳动中加强父母和子女的沟通交流。随着孩子的成长，更应该鼓励他们参加学校组织的社会活动，比如在博物馆、纪念馆、公园里的"小导游""小讲解"，鼓励孩子锻炼口语表达能力，为融入社会扫清障碍。

（三）"爱国、敬业、诚信、友善"：个人操守与家庭熏陶息息相关

"爱国、敬业、诚信、友善"是公民层面的价值准则。"爱国"是爱自己的国家，爱自己的骨肉同胞，爱祖国的大好河山，爱祖国的灿烂文化。"敬业"要求公民立足并珍惜工作岗位，忠于职守、克己奉公，服务人民，服务社会。"诚信"包含"诚实"和"守信"两方面基本内容，是一切道德的基础和根本，也是一个人的立身之本、齐家之本、交友之本。"友善"的基本含义是待人平等、待人宽厚、助人为乐，体现在家庭友善、社会友善、天下友善和自然友善等各方面。总之，这一组价值观念在社会主义核心价值观中处于基础地位，要回答和解决的是"培育什么样的公民"的问题。

国家、社会是由一个个公民组成的。培育什么样的公民，需要从小做起，循序渐进。在学校教育、社会教育和家庭教育三大教育中，家庭教育是至关重要的。在家庭熏陶方面，需要树立良好的家风。关注孩子学习成绩和各种才艺的前提，是把孩子培养成热爱祖国、爱岗敬业、诚实守信、待人友善的"大写的人"。很难想象，一个对热爱祖国嗤之以鼻、对本职工作吊儿郎当、对社会交往投机取巧、对同事朋友自私冷漠的人会是一个称职合格的好公民。

个人操守和家庭熏陶息息相关。"熏陶"是一个日积月

累、循序渐进的过程。对孩子的教育不可拔苗助长、一蹴而就。这就要求父母要有足够的耐心，要能容忍孩子暂时的落后或迟钝，能接受他可能长期的不优秀，把眼光放远，愿意静待花开。"熏陶"也是一个精心培育、爱心看护的过程。对孩子的教育要充满爱心，充分信任。这就要求父母首先要分清是非黑白，努力主持正义，不能对孩子冷言讥讽、恶语相向、滥用家庭暴力，更不能因为自己在工作生活中的不如意迁怒于孩子，使孩子成为自己的出气筒。实践证明，在一个和谐美满的家庭中，更能培养孩子健全的人格。相反，在一个冷酷的家庭氛围中，孩子的性格往往是扭曲畸形的。

三、从自身做起，努力弘扬中国家庭文化的精髓要义

家风正则民风淳，民风淳则社稷安。习近平总书记指出："不论时代发生多大变化，不论生活格局发生多大变化，我们都要重视家庭建设，注重家庭、注重家教、注重家风，紧密结合培育和弘扬社会主义核心价值观，发扬光大中华民族传统家庭美德。"家风是中华文化的缩影，也是文明的延续。家庭教育是一门艺术，也是一种哲学。"古之欲明明德于天下者，先治其国；欲治其国者，先齐其家；欲齐其家者，先修其身。"家长作为"从业者"，应从自身做起，应努力弘扬

中国家庭文化的精髓要义,对家庭教育科学的方法论、家庭教育的功能与价值取向以及家庭文化建设与父母角色差异等具有基本的认知,并积极投身生活实践。

(一)重视家庭是中国家庭文化的前提

重视家庭,首先要增强问题意识,不要天真地认为问题离自己很遥远。一些家庭悲剧不断引发舆论对家庭教育话题的广泛关注。这些虽然是较为极端的案例,但是的确反映出有相当部分家庭中的子女面临心理问题的困扰,有的甚至需要通过休学进行精神卫生治疗。家庭是构成人类社会的最基本单位,也是个体灵魂最初塑造的场所,为后续进行自我教育和群体教育打下基础。中国古代,家长更是将家庭教育视为终身事业,家庭教育以家训、家规、家书等形式流传至今,并形成每个家庭特有文化的集中体现——家风,通过这些载体,力求解决"家庭教育主体缺失""家庭教育价值观异化"等问题。

家庭的维护需要家庭成员共同添砖加瓦。重视家庭,首先要承担家庭的责任感,尽量保持家庭功能完整顺畅。当前中国家庭的离婚率持续走高。父母离异给青少年的影响有多大,尚有待深入研究;但就总体社会信息反馈而言,对孩子成长的负面影响非常大,有的甚至伴随孩子一生。这就要求夫妻之间尽量多一些相互体谅和谦让。当然,对于那些不得不离异的夫妻,必须处理好离异之后对子女的养育问题,共同为子女遮蔽风雨。

此外,要学会经营家庭,努力构建学习型家庭。父母不能滥施自己的权威,更不能以"父爱"或"母爱"的名义对子女进行道德绑架。要学会与子女共同学习、共同成长、共同提高。可以与子女共同读一本书、看一部电影,交流相互之间的心得体会,了解孩子的心理成长历程;可以与子女共同参加篮球、足球、跑步、骑行等体育锻炼,保护孩子的视力、增强孩子的体质、提升孩子应对挫折的能力;可以与子女定期外出考察、旅游,游览祖国大好河山、世界文化遗产或历史文化名城,扩展孩子的眼界,丰富家人之间的阅历;可以定期或经常拍摄照片并汇成影集,用一张张家庭合影回答"时间去哪儿"的疑问,留下幸福美好的回忆。

(二)言传身教是中国家庭文化的关键

言传身教的核心意思是"上所施,下所效也",即父母做,孩子看到和经历了,孩子从父母身上学到。例如,今天,很多为人父母者喜欢用《弟子规》教育孩子,实际"弟子规"应该是"父母规",讲的是父母在家庭中以身示范做好这些"规矩",孩子也亲身体验学会了这些"规矩"。可以说,《弟子规》实际上是一本家庭行为教育的"示范手册"。

《弟子规》的内容以儒家经典《论语》中孔子的一段话加以引申扩展——"子曰：弟子入则孝，出则弟，谨而信，泛爱众而亲仁，行有余力，则以学文。"内容分为五大段：一、总叙；二、入则孝，出则弟；三、谨而信；四、泛爱众而亲仁；五、行有余力则学文。这里，我们不妨以"总叙"和"入则孝"为例，用现代心理学理论来理解《弟子规》对于家庭教育的意义，以提高我们对《弟子规》批判继承的能力。

【总叙】

弟子规　圣人训　首孝弟　次谨信

泛爱众　而亲仁　有余力　则学文

　　这是总叙，即点出《弟子规》的大意，说明孩子成长应从哪里开始学、学什么。从中我们可以看到中国传统文化的教育观：先学做人。做人要学吗？当然要学，现代心理学研究发现，除了遗传基础，家庭生活基本上决定了一个孩子的人格塑造过程。什么样的家庭生活有利于塑造健康、成熟的人格特质？心理学意义上的学习不仅仅是学习文化知识（这叫学文），更多是指人际互动中自我的发展，这种自我发展是不自觉地每时每刻在发生着的。心理学研究发现，很多人格问题源自早年生活的创伤性经历给个体留下的影响。《弟子规》强调的"首孝弟，次谨信"就是人际互动的基本原则，这个基本原则源自中国传统文化对人和天地万物关系的哲学思考。所以,《弟子规》强调的"在家庭生活中学会做人",与现代心理学强调的"人格塑造理论"相吻合。

"有余力,则学文"句中的"则"解释为"就",《弟子规》所强调的"家庭教育"是成圣贤的基础教育,学会做人是每个人的本分,做好了本分的事情"有余力"就"学习文化(这里是指礼、乐、射、御、书、数六艺及其他有益的经典学问)"。一个"就"字,突出了学问的重要性,孔子曾说"质胜文则野",意思是一个人本质虽好,若缺少礼仪才艺的熏习,就不免粗野鄙陋。这与心理学的社会化理论相吻合,家庭中的社会化是更大环境社会化的基础,成功的社会化,是指孩子的社会适应能力很强,成年以后可以有更好的社会行为能力。这里包含一个由家庭走向更大社会空间的生命发展过程,前者是基础,是"本分",继续学习是必经的过程,所以一"有余力"就要"学文"。

还需要理解的是"有余力"三个字,说明了要做到"首孝弟,次谨信,泛爱众,而亲仁"这些本分不是一件容易的事情,是要"花力气"的。怎么花这个力气呢?《弟子规》有具体的行为指导。

【入则孝】

父母呼　应勿缓　父母命　行勿懒

父母教　须敬听　父母责　须顺承

冬则温	夏则凊	晨则省	昏则定
出必告	反必面	居有常	业无变
事虽小	勿擅为	苟擅为	子道亏
物虽小	勿私藏	苟私藏	亲心伤
亲所好	力为具	亲所恶	谨为去
身有伤	贻亲忧	德有伤	贻亲羞
亲爱我	孝何难	亲憎我	孝方贤
亲有过	谏使更	怡吾色	柔吾声
谏不入	悦复谏	号泣随	挞无怨
亲有疾	药先尝	昼夜侍	不离床
丧三年	常悲咽	居处变	酒肉绝
丧尽礼	祭尽诚	事死者	如事生

"孝"是中国传统文化的价值观基础，它不是政治思想说教，而是人类生命情感的真相。古人有一段著名的语言——"鹁鸰呼雏，乌鸦反哺，仁也；鹿得草而鸣其群，蜂见花而聚其众，义也；羊羔跪乳，马不欺母，礼也；蜘蛛罗网以为食，蝼蚁塞穴以避水，智也；鸡非晓而不鸣，燕非社而不至，信也。禽兽尚有五常，人为万物之灵，岂无一得乎！以祖宗遗产之小争，而伤弟兄骨肉之大情。兄通万卷应具教弟之才，弟掌六科岂有伤兄之理？"

中国人很聪明地发现了家庭中父母孩子关系中的本

质,认为这是作为大自然一部分的人类的本分所在,这个本分是每个人都自然学得会的。"父母呼,应勿缓,父母命,行勿懒,父母教,须敬听,父母责,须顺承",小孩子对于父母的"呼、命、教、责"原本都是不会违背和反抗的,因为按照自然法则,父母的所有言行都是为了孩子好,再凶猛的虎狼猛兽对待孩子同样温柔付出。所以,正常情况下,父母不会"乱呼、乱命、瞎教、瞎责",孩子理所当然要"勿缓勿懒,敬听顺承",中国古人把这看作"孝行"的开始。

  这一段的下文细说了在这个父母教孩子学的家庭生活过程中,哪些应该做,哪些不该做。这是一个潜移默化的行为塑造过程,孩子得益于父母的言传身教。今天的不少父母忘了这一茬,他们对孩子发号施令是出于"自身担忧和诉求",而不是"人伦之常情";有些还违背科学或者说伪科学地施行所谓的训练成才,还被某些媒体吹捧为"虎爸虎妈",他们也不看看老虎到底是怎样做爹娘的。现代心理学研究发现很多成年人的人格障碍和行为问题以及领导能力缺陷,都与他们孩提时代被粗暴教育过程中的创伤性经历有关。按照行为主义和社会学习理论,孩子们发现凶狠能够让自己获得满足,他们采用这个办法取得满足,他们就学会了凶狠;不讲道理可以活得更自由,他们不讲道理以突破限制,他们就学会了不讲道理;压抑和欺骗可以躲避伤害，他们压抑和欺骗以避免受伤，他们就学会了压抑和欺骗……凶狠、不讲道理、压抑和欺骗，进而还顺理成章地演化出惊恐；在压力条件下，会因为惊恐而攻击别人以求保全自己。

中国文化追求的不是做魔鬼，而是做圣人君子。所以我们让孩子从小就懂得"事虽小，勿擅为；物虽小，勿私藏"的道理，懂得"身有伤，贻亲忧；德有伤，贻亲羞"——"贻"是遗留的意思，"贻亲"是指"牵挂着你的父母"；如果你的身体受到损伤，牵挂着你的父母会很担忧；如果你的道德有损伤，牵挂着你的父母会很羞愧。这是一种来自内心深处的心理约束力，它在我们个体成长过程中起了一个航标灯的作用。"孝"就是一种内在心理约束力，它是来自人性本真的道德良知，有了"孝心"才会有"孝行"，"入则孝"是说这种道德良知是在家庭里面培养起来的；更确切地说，是在和父母相处中被培养起来的。从父母角度来说，是从养育孩子过程中培养孩子的道德良知的。

中国文字的魅力在于它的丰富内涵很多时候是表意的，一个"入"字，不能简单从"进入、里面"来理解为"在家里"，从心理学来看是指"入自己"，理解为"内心"更合适。那么，我们就能理解"入则孝"也是指"内心有孝"，而"出则悌（弟）"是指"外在行为应该有悌"。用一句比较时髦的话来说"孝"是一种行为,更是一种心态。态度决定行为,一个人有了"孝",才可能做好悌,所以《弟子规》接下来讲的是"出则悌"。

  作为家庭教育指导工作者,我们不能对本民族文化视而不见,更不能对每天浸润其中的中国人骨子里的生活哲学视而不见。我们必须花时间去研究中国人家庭文化与中国人家庭教育的内在联系,去发现蕴含其中的科学道理,去探索如何帮助更多家庭实施科学的家庭教育。

第二章

家庭教育指导是中国家庭文化的社会需求

第一节 家庭教育社会需求的三个层面

家庭教育是人生发展的起点,也是满足社会对高素质人才培养的必经阶段,家庭教育指导对于协调家庭、学校与社会关系,促进每个人的健康和谐发展都有着十分重要的意义。目前诸多问卷调查研究结果表明,全社会对家庭教育指导的需求越来越大。

一、从法律底线来看家庭教育的社会需求

无论从家庭层面还是社会层面来理解,家庭教育的社会需求首先是让孩子们具备法律意识,不能逾越法律底线。我们通过记录和分析几个真实的典型案例,希望能够有针对性地为解决不同类型、不同性质的个体家庭教育问题提供参考。

(一)家庭教育求助案例1

> **案例2-1**
> **借款3000元变成30万元**
> 一天,小赵爸爸前来向律师咨询,想请律师代理案

件，原因是他被人起诉要还人家 30 万元的借款，可是小赵爸爸说自己老实本分，从来没向人借过钱，这钱是女儿小赵借的，人家要求子债父偿。可是小赵还是一名高中生，怎么可能向别人借这么多钱呢？律师几番询问下来，事情竟然是这样的。

小赵今年 16 岁，现在一所民办高中读书，每个月花销比较大。小赵爸爸说其实自己家庭经济条件一般，但就这么一个女儿，就很宠溺。这些年老宅动迁，分了几套安置房，虽然自己和老婆收入并不高，手头并不宽裕，但是有几套房子在，一家三口不愁吃穿。小赵上了这所民办高中后不久，就跟家里提出来要零花钱，说身边同学都有零花钱。小赵爸爸想想也对，不能让孩子被人家瞧不起，就每个月给小赵 1000 元的零用钱让她随便用。小赵还在上学，这 1000 元对于一个在校高中生来说，作为零花钱是绰绰有余了。小赵爸爸认为女儿应该是不缺钱的。

小赵爸爸说，在高一下半学期的时候，老婆曾提醒过自己一次，觉得女儿像是谈恋爱了，因为女儿的穿着发生了明显变化，爱美，爱打扮，零花钱也月月光。自己当时还劝老婆别多想，小女孩爱打扮也没啥。只是没想到，高一下半学期，小赵就背了处分，原因竟然是盗窃同学财物。当时小赵爸爸被老师叫到学校,才得知小赵觉得父母给的零花钱不够花,就开始偷同学东西。因为盗窃,学校给了小赵警告处分,小赵回家也被父母狠狠训了一顿。小赵妈妈心疼女儿,就背着丈夫私自又给女儿每个月加了1000元钱,直到最近小赵爸爸才知道。

可是小赵又为何会被别人起诉呢?

原来,升入高二之后,小赵喜欢上了同班的一个男同学。可这个男同学喜欢用名牌,小赵想给喜欢的男生送个生日礼物,又怕人家嫌弃送的东西不好,被人瞧不起,就决定送个贵点的。她也不敢跟爸妈说,爸妈肯定不会同意。想来想去她就瞒着爸妈,向已经辍学的一个小姐妹讨主意。这个小姐妹就给她介绍了一个社会上的朋友,说他们专门做这个生意,还说他们放款是"零抵押,放款快,随借随用",只是小赵要在借条上把金额写高一点,比如她要借款3 000元,借条就要写成30 000元,这虚高出来的27 000元实际是一种担保,只要小赵按期还款,就按照实际借款3 000元偿还就行。小赵想想也行,她想送男生的是一件价值5 000元的礼物,自己手边有2 000元的零花钱,只要借3 000元就可以了,然后下个月用零花钱去还这笔钱,到时候再向妈妈撒撒娇多要点儿,还款难度应该也不大。她就签署了这张30 000元的借条,实际借了3 000元钱。

只是小赵不知道,她掉入了"套路贷"的陷阱。借条到期前,她准备好了钱,却联系不上对方的人。借条到期后,这人就带了一拨人到学校门口闹事,让她立刻还款30 000元,否则就闹得人尽皆知。小赵很慌乱,又很怕这些人在校门口闹下去弄得老师和同学都知道,自己丢了面子,就被这些人威逼利诱到宾馆拍了裸照,从此愈发不能脱身。后来这些人用尽手段几轮追债,做了好几次"平仓"(就是让小赵跟别的人再签署更高金额的借条,抵偿之前的借条),让她深陷"套路贷"的深渊。

这样一来,3 000元的借款4个月后翻转成了30万元。小赵不敢去上学了,这些人拉帮结伙找到家里来,威胁小赵爸爸为了女儿的名誉,卖掉一套安置房还贷。小赵爸爸苦苦哀求,后来又带着女儿东躲西藏逃债,可是这些人总有办法找到他们,最后,还向法院提起了诉讼,告他们还钱。没办法,小赵爸爸只好找到律师,希望律师代理这个案件。

这个案件,后来经过法院审理,发现了"套路贷"的真相,将案件移送公安机关进行侦查,案件从民事案件

> 转为刑事案件，放"套路贷"的这些人最终都被判了刑，但是小赵也被学校开除了学籍。

这个案例虽然说的是法律问题，但仍应引起我们对家庭教育的深深思索。法律纠纷通过法律途径最终得到了解决，但是比起解决这些法律问题，更棘手也是更深层次的，是我们要直面如下的一系列问题。

小赵是如何成为这个样子的？她为什么没有任何金钱消费的底线？

小赵的家庭结构是一家三口，父母收入一般，除了有几套并未变现的动迁安置房之外，经济条件并不宽裕，父母习惯了勤俭节约，量入为出，含辛茹苦送女儿上相当花钱的民办高中，每月还给她大额的零花钱，这种苦自己不能苦孩子的做法，到底对不对？

到底应该如何对待家庭内外的经济差距？

小赵谈恋爱了，父母应该怎么反应？要注意什么问题？

关于"套路贷"这个社会毒瘤，新闻报道如此之多，难道小赵全家都不关注社会问题吗？他们都对社会风险一无所知？

为了3000元钱，小赵轻易地就敢向不熟悉的人伸手，还敢签署30000元的借条，这3000和30000如此明显的巨大差异,孩子难道连常识性的警惕心都没有吗?小赵心里到底有什么倚仗,可以支持她敢肆无忌惮地消费和借款?

小赵盗窃被处分,父母打也打了骂也骂了,为何没有成效?母亲背着父亲额外补贴一份零花钱,是对孩子的爱,还是纵容和"奖赏"?

这一系列的问题反映出小赵父母明显缺乏这方面的家庭教育知识和家庭教育能力,急需家庭教育方面的专业指导。

(二)家庭教育求助案例2

> **案例2-2**
>
> **巨额打赏打水漂**
>
> 小郑13岁的时候父母离异,她跟随母亲刘妈妈生活。
>
> 小郑15岁的时候,被母亲刘妈妈送到加拿大留学。
>
> 到加拿大后1个月,小郑下载了一家直播平台的APP,用刘妈妈的微信号注册了平台账号,绑定了妈妈名下的手机号码(这个手机被小郑带在身边)。
>
> 2016年的2月至4月,在两个月期间,小郑用妈妈的支付宝、微信、银行卡在账号上充值,打赏主播。两个月的时间她打赏了60万元。为躲避母亲查询,她在充值和打赏之后,删除了支付宝和银行短信的交易记录。

2016年5月,刘妈妈因为一个偶然的机会发现了此事,就修改了支付宝和微信密码,解绑了银行卡,还亲自到加拿大陪读。但此时,小郑仍然沉迷其中,她对妈妈的管束非常不满,跟妈妈冲突不断,甚至以退学威胁妈妈。

2016年6月,刘妈妈委托律师,向平台发出律师函,告知平台:"平台账号虽然是以我的名义注册的,但真实注册人和使用人都是小郑,她还是个未成年的孩子,我本人对这些打赏不知情也不认可,要求退款。"但遭到拒绝。

即使是这样,在这个案子于10月起诉之前,小郑又打赏出去了5万元。

2016年10月,刘妈妈作为小郑的法定代理人,委托律师提起诉讼,要求平台返还打赏费用65万元以及利息。

法院经过审理作出判决,认为即使账号是由小郑这个未成年人(限制民事行为能力人)注册和使用,但刘妈妈将其银行卡、支付宝、微信交给小郑使用,小郑在短暂的几个月时间内,巨额打赏支出就已远超一个没有收入的未成年人正常的消费水平。而刘妈妈作为其法定代理人,原本就对小郑具有法定监护义务,这不仅体现在生活和学习上,刘妈妈负有对小郑进行照看、教育的法定义务,同时还体现在刘妈妈对小郑的网络消费等社会活动,也负有管理、监督的法定义务。但刘妈妈面对2019年6月之前发生的多笔、持续、大额、不合常理的财务支出,作为法定代理人和钱款的所有人,她未尽到必要的谨慎核查的义务,也未对自己的账户和个人信息进行谨慎管理,放任小郑对外无节制的网络消费。所以,刘妈妈对于2019年6月律师函发出之前小郑发生的60万元巨额网络消费所采取的放任态度,已经构成对小郑行为的默认。即使刘妈妈辩解她对女儿的打赏不知情也不认可,但刘妈妈本人存在重大过错,所以小郑和平台之间的打赏交易有效,平台无义务退回。2019年6月之后,刘妈妈已经修改支付宝和微信密码,解绑了银行卡,而且通过律师函向平台明确告知了账号实际注册人和使用人都是小郑,她对小郑的打赏行为不认可,在此情况下,平台依然和未成年的小郑之间发生5万元的巨额打赏交易,这个交易所产生的网络交易合同无效,平台应当返还2019年6月之后新增的5万元打赏款项。

> 这样，女儿小郑大手一挥打赏出去的65万元巨款，母亲刘妈妈费尽九牛二虎之力，只拿回来了5万元。

这起案件涉及的是全社会都在关注的未成年人打赏问题，人们往往都希望被这些熊孩子无端打赏出去的钱款能够返还给父母，可是很多情况下，就像本案一样，平台并不是从一开始就知道这些打赏行为是由未成年人作出的，打赏主体在平台注册以及消费使用时的一切信息都显示的是成年人（一般是监护人）的信息，平台对于打赏主体实际是未成年人的情况无从知晓，而且平台以及主播也基于对网络交易对手的合理信赖提供了相应的交易服务。在这种情况下，法律是公平的，法律不仅要保护未成年人的权益，保护监护人的权益，还要保护整个社会网络交易秩序的稳定和顺畅，保护人们基于合理的信赖而发生的网络交易本身。现在的网络社会中，每小时每分钟都有无数的网络交易在发生，支付宝、微信每秒钟都有无数的网络支付在进行，所以，法律不能过分苛求网络交易平台去无限地承担未成年人由于年幼无知、监护人由于疏忽、大意、过失、错误等而应承担的法律责任。法律是公平的，谁有过错谁担责，孩子和监护人的错误，应该由孩子及其监护人去承担法律后果。

这个案件，给了人们当头棒喝，原来不是一句"她（他）还是个孩子，怎么能够随便打赏这么多钱"就可以轻易地把钱要回来，后果可以说是沉痛的。但是在这个法律问题背后，其实对社会更有启发意义的还是诸如以下的家庭教育问题。

刘妈妈和女儿小郑的关系如何？父亲有没有对女儿尽到应有的责任？

母亲为何要把微信、支付宝、巨额的银行卡都交给小郑？如此巨大的财产，让孩子随便使用，这表示对孩子无比信任吗？

信任和监管应该是什么样的关系？

怎么做好青春期孩子的监护人？

离异家庭在监护和家庭教育方面应该特别注意什么？监护的要义是什么？父母亲该如何履行监护责任？

怎么形成孩子的规则和底线？

接下来该如何对家长进行指导，引导小郑走上正途？

从小郑视角看，她有哪些苦恼，需要什么指导才能摆脱困境？

孩子的价值观该怎么去树立？

（三）家庭教育求助案例3

> **案例 2-3**

中考前的抢劫

这是发生在中考前夕的一起抢劫案。

2015年的五一小长假，15岁的初三学生小王和已经辍学的两个朋友小张、小刘三人出去玩。傍晚，他们准备乘地铁回家，这时小张和小刘突然说身上钱包不见了，回不了家。小张一拍小王的肩膀，说："咱俩去搞点儿钱吧。"小王不同意。小张就劝他："你看，我们也不大搞，就在偏僻地段，随便找个女孩儿，抢一点儿钱，够咱们路费就可以了。这么点小事儿，不用担心。"小王还是不同意。这时候，女孩儿小刘发话了："哎哟，小王，你还是不是个男人，这么胆小怕事，以后不要跟我们混了。"女孩的这番话，让小王觉得脸上有点儿挂不住了，便答应下来。

在商场附近的一条小路上，小刘躲了起来，小王和小张选定一个背包的女生，就尾随跟了上去。小张冲在前，从背后一手捂住女孩的嘴，一手蒙住女孩的眼睛，小王从后边冲上去，抢包就跑。女孩大声呼救，引起了路人的注意，路人帮忙追赶小张和小王，二人见事情不妙，赶紧扔了背包,加紧逃窜,然后藏了起来,等到天黑才露面。从物色目标到实施抢劫,再到丢包逃窜,整个抢劫过程不过两三分钟就结束了。

钱没抢到,小张悻悻然,小王有些后悔,后来小刘又说可以联系一个同学借点钱,然后就乘地铁回了家。

小王以为抢劫这事就这么过去了,回家后踏踏实实地准备中考。没想到两周后,他就被警方带走了。原来小张和小刘因为另一起案件案发,为了立功,交代了本案,供出了小王。

经律师辩护,法院审判,因案发时小王已满14周岁,犯抢劫罪应当负刑事责任。最终法院以抢劫罪判处小王有期徒刑一年,缓刑一年,并处罚金1 000元。

这个犯罪记录将跟随小王一生,必然会影响他的就学、就业、交友、婚恋……

在本案办理过程中,律师会见小王时,他一直在哭,说自己本来不想抢劫,是一念之差才做了错事。小王的父母则认为是孩子交友不慎,都是小张和小刘把自己的儿子带坏了。但一个孩子这么轻易地就能被他人劝诱参与抢劫,显然其根源不是这么浅表的问题。从这起案件中,我们至少看到了很多家庭教育的问题,值得引起家庭教育者的思索。

不能抢他人的东西,这难道不是人之为人最低的品格要求吗?小王为什么没有稳定牢固的信念?

小王出去玩,家长为什么不知情?他的家庭关系是怎样的?

小王明知要去较远的地方玩,自己身上没有钱,为什么他还要去?为什么他宁可身上没钱,也不肯向父母要求必要的费用?

家长监管的缺位是怎样产生的?

孩子的交友问题,家长该如何监管?

同伴的想法明显错误甚至违法,小王为何最终未能拒绝?他怕的是什么?怎么避免孩子盲目合群从众的心理?

面子和底线,哪个重要?怎么引导孩子正确认识个人尊严?怎么帮着孩子树立规则意识?

显然,这一系列问题都是小王这个家庭要面对的,要启发这个家庭的教育认知,并且要进行家庭教育指导。

(四)家庭教育求助案例4

案例2-4

父母教会了我诈骗

17岁的小赵因为涉嫌诈骗被刑事拘留了。

原来,小赵自从辍学后,无所事事,就经常在网上闲逛。这天,他在上网时,发现有一位女子的图片非常清纯美丽,就下载做了自己的微信头像。出于无聊,他又通过微信摇一摇添加了一个男子作为好友,有一搭无一搭地聊天。在聊天过程中,小赵得知这个男人快40岁了,刚刚离异,对前妻非常不满,怨声载道。小赵就偶尔劝慰了几句,没想到这个男子不断发来信息。小赵发现自己这张女子头像非常好用,这个男子明显想跟"女子"发展关系,他就继续扮演着善良纯真的女孩子形象给对方一些劝慰。这样一来二去,这名男子竟然渐渐对小赵扮演的女子动了感情,两人就在网络上谈起"恋爱"来。关系确立之后,小赵开始以各种各样的理由,要求男子给他发红包,到案发之前,他总共收到"男友"7 000元的红包。后来,这名男子开始频繁提出见面要求,小赵怕事情败露,便拉黑了这名男子,对方感到事情不对劲,就报了警,小赵被警方抓获到案。

在法律援助律师会见小赵时,援助律师和小赵之间有了以下一段对话。

问:为什么要骗钱呢?

答:因为来钱快。

问:没有想到法律后果吗?

答：没有想到后果会这么严重。我还没有成年，我以为不会抓我的。

问：这是第一次骗别人钱财吗？

答：不是。

问：第一次是什么时候？

答：第一次不是我要骗的，是我爸妈要我去骗的！

问：怎么回事？

答：那是我辍学之前发生的一件事。当时我每天早上去上学都要坐公交车。有一天，我起晚了，为了赶公交车我就一路猛跑，公交车是赶上了，但也不小心把腿拉伤了。到了学校，在上体育课的时候，体育老师组织同学做热身训练，然后发现我的腿好像有点儿不对劲，老师就没让我做剧烈运动。后来过了几天腿也没好，再后来去医院检查，竟然说是骨骺滑脱，还要做手术。手术之后，爸妈就嘱咐我，让我说是在学校上体育课时受伤的，不能说是因为自己追赶公交车。爸妈说手术费这么贵，如果说是在学校受伤的，就能让学校承担手术费用和赔偿金。我一开始不同意，我不想撒谎，但是爸妈说我傻，说只是换种说法就能让学校掏钱，我们家又不富裕，哪里能承担这么贵的手术费。后来我父母还起诉了学校,法院委托了司法鉴定,鉴定结论说不能排除是体育课受伤的可能,后来法院判决学校支付了一部分费用。这件事对我的震动很大,也是我骗钱的开始。从那以后,我就开始骗钱了,反正我学习也不好,将来也不会有什么出息,这种方式来钱快,再说我连老师的钱都骗过,还有谁的钱我不能骗呢?

问:那么,你后悔过吗?

答:后悔过。

问:这次被抓你认罪吗?

答:我认罪悔罪的。我觉得如果当年不是我爸妈让我骗学校的医疗费,我也不至于成为一个骗子。

以上4个案例,都是法律问题,既有涉及未成年人的民事案件,也有未成年人作出的刑事犯罪。虽然各个案件都通过公安、检察院、法院以及律师做了"外科手术"式的处理,该判的判,该惩罚的惩罚,看似干净利落地解决了涉及未成年人的民事案件,甚至是违法犯罪的问题,也让未成年人或(及)其监护人承担了相应的法律责任,但其实从这些家庭以及从社会整体问题的解决而言,真正的"手术"还没有开始。真正的"手术"应当针对这些问题产生的土壤,主要是这些家庭深处以及未成年人成长中的诱因,在这些法律案件中,我们已经普遍地发现了家庭教育缺失甚至是家庭教育错误的影子。

2019年上海司法行政系统《预防和减少青少年违法犯罪蓝皮书》展示了一项研究成果：上海市未成年犯管教所自2011年起历时7年,累积调查了1 000余名在押未成年犯,对未成年犯的犯罪原因进行了研究。他们通过个案访谈和频数分析等定性定量分析方法,了解在未成年人成长经历中的各种内外部因素,并深入探讨导致未成年人走上犯罪道路的共性因素,形成了一套比较成熟的《未成年人犯罪因素调查问卷》,涉及家庭因素、居住环境、同伴交往、不良的社会化行为、学校教育因素、求职经历与职业认同、人格等7个可能导致未成年人犯罪的危险因子及87个配套项目。从统计分析结果看,未成年人最终走上犯罪道路,原因虽林林总总,但主要的犯罪因素集中在7大因子,并且他们的犯罪经历也惊人相似,于是根据研究结果,上海市未成年犯管教所描绘出了未成年人犯罪模型图(图2-1)。

我们看到在这个模型图中,不良家庭因素(家庭结构不完整、家庭经济条件差、父母教养方式不正确、家庭成员关系差等);不良同伴影响、不良行为榜样;出现不良社会化行为(离家出走、夜不归宿、说谎、偷窃、打架斗殴、抽烟、喝酒、赌博等);在校表现差、学习成绩差、旷课逃学、欺负同学、被

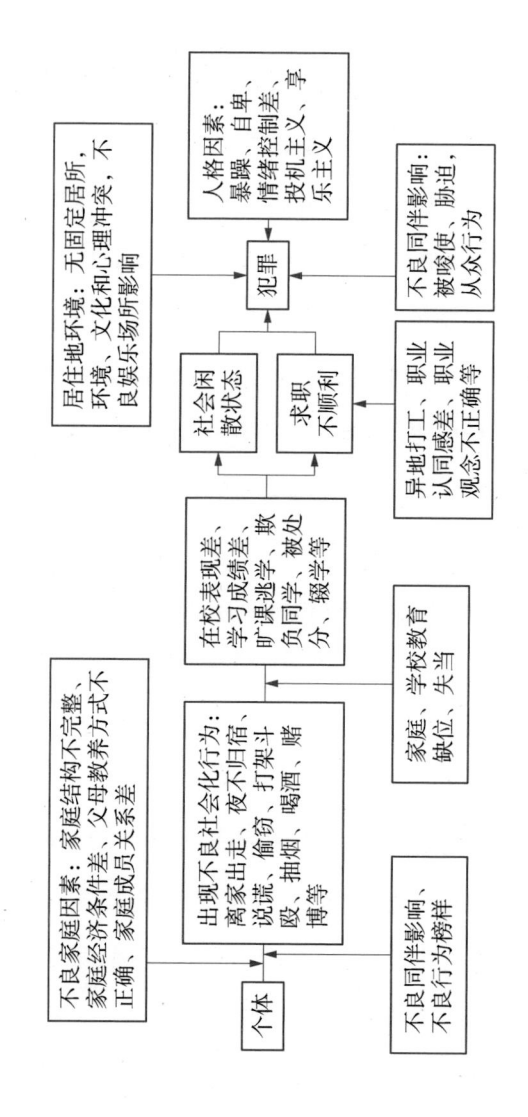

图 2-1 未成年人犯罪模型图

处分、辍学等;被唆使、胁迫,从众行为;居住地环境(无固定居所,环境、文化和心理冲突,不良娱乐场所影响);人格因素(暴躁、自卑、情绪控制差、投机主义、享乐主义)等等,这些被归纳出来的导致青少年违法犯罪的因子,几乎每个因子都和家庭教育脱离不了干系。

可见,要解决青少年的涉法涉罪这个社会大问题,最主要的解决路径还是要着眼、着手于他们的家庭,探究家庭内部产生问题的根源。可以说,我们的社会比以往任何时候都清晰地认识到了家庭、家教、家风对孩子养成的重要性,家庭、家教、家风不只是小家的小问题,汇总起来就是整个社会的大问题。

可以说家庭教育是一门很深的学问,每一个家长都应该认真地研读和修习。人的成长规律,复杂的社会环境,都让我们认识到"家长"是个大写的字体,我们不是因为生了孩子,有了血缘传承,就天然成了"家长","家长"除了有自然的意味在,更是一份社会身份,人生职责,要做一名合格的好家长,要完成一份合格的家庭教育问卷,我们很多家长是存在着认识不足、知识不足、能力不足的,这场人生大考上,已经有很多家长落下马来。所以,这些社会现象反映出,家庭教育、家长都是需要专业引导和专业支援的,需要社会的支撑,因此,家庭教育指导工作也就应运而生。

二、从家庭成长来看家庭教育的社会需求

一些学术界人士认为,家庭成长的概念来自欧美国家,家庭成长教育(Family Growth Education)源于欧美社会的"以人为善、助人为乐、自由平等"理念和社会心理学关于个人素质的品质教育,是成长教育的基础组成部分。在20世纪50年代,衍生为包含"子女成长、智慧父母、家庭发展"内容的专业教育,并于70年代初在欧美等国家地区深入社会和家庭。这是一种比较普遍同时也可以理解的片面认知。因为,中华民族文化的根本性决定了千百年来我们注重家庭成长,当然也注重家庭成长的教育。只不过我们没有用,以往也不可能用"家庭成长"这个词汇。我们要探究的是事物的根本和真相,而不是名词术语。

从心理学角度来理解,家庭成长客观存在。例如:当第一代人逐渐步入老年,正在应对死亡临近的危险;第二代人则在与"适应退休"和"空巢危机"努力周旋;第三代人正值青年,面临的任务是确立自己的职业生涯,与同龄人建立亲密关系,生儿育女;同时,这个系统也在迎接它的第四代的到来。这是一根时间的连线,连接着不同代际之间的影响,从古至今这种影响客观存在,而且对家庭中个人的发展以及家庭自身的发展起着很深刻的影响。不同的家庭应对

这些问题的方式和能力差异很大,家庭在包容其成员完成这些不同阶段人生使命的过程中得以成长。尽管当今社会的家庭形态变得多样,家庭成长方式变得更加复杂,但是我们还是可以从心理学角度,去理解和把握家庭成长中的一些关键要素。

在家庭成长过程中,家庭成员不同的生命时期都要面临不一样的挑战。如果个体不能很好地度过每一个关键转型期,家庭结构就会出现扭曲变形,家庭成员就会出现很多痛苦体验。我们现在常见的家庭矛盾大多来源于此。在这个系统中,经常遇到的转型困难是:家庭养育所遭遇的来自社区环境和家庭内部的挑战;青春期孩子的心理扩张导致的家庭边际冲突问题;年轻人面对的独立和依赖的矛盾冲突;中年后期的父母重整家庭功能,对成年儿女独立和真正成长的支持;家庭成员缺失所带来的家庭系统重整危机;家庭核心功能的转移和功能瓦解的风险;老年人被边缘化和家庭养老面临的挑战。不一而足,家庭成长所面临的系列问题中,家庭教育是一个比较突出的问题。家庭教育不仅是家庭中被教育者孩子的需要,而且也是家庭作为一个整体,它自身发展(即家庭成长)的需要。

我们经常碰到这样的个案:家庭教育的被教育者"孩子"的需要,跟家庭教育的整体需要者"家庭及其代表人物

（家庭功能核心者）"的需要之间存在较大的落差。这种落差，导致家庭教育陷入困难。

案例2-5

班长逃学

小艾从小学起就是班长，现在到了初中做副班长。

小学做班长，主要是因为她父母的社会影响力，其次是因为她不仅高人一头，而且确实能说会道，有足够威慑力。帮助老师管理班级，小艾吼了5年。5年以后进入某民办学校，小艾做了副班长兼纪律委员。小艾可能觉得，管理就是吼人、唬人……但是，在初中阶段，她越来越发现自己无能，她根本管不了新的班级，这个班级大部分同学成绩比她好。而且，总是有男生故意跟她捣乱，也分不清到底是友好善意还是故意刁难。小艾开始觉得混沌不堪，一脸迷茫，成绩又跟不上，以至于不想再去学校。刚开始，某一次恰好身体状态不是很好，她便请了个假，没去学校；再一次因为作业太多没完成，干脆她没去学校；一来二去她便逐渐适应了"我不想去学校"。父母带孩子寻求心理咨询的时候，小艾已经成了逃学在家的副班长，将近两个月没去学校了。

就像温水煮青蛙,小艾把自己给"煮了":她从犹豫尝试不去学校,到最后彻底不去学校,有一个过程。这个过程,实际上也是她放弃自己的过程。她放弃的是她并不喜欢的自己,或者是这么多年来,父母亲要求的那个自己,而不是自己的自己。

父母觉得,做班干部可以锻炼孩子的社会能力和综合素养,实际上当班干部并没有太多综合素养,主要的工作是吼人和跑腿。而吼人是一种最原始最没有技术含量的管理手段。到了初中,小艾明显感觉到别人不在乎她,还调侃她。小艾内心的需求是希望获得别人的尊重和认同,她在小学时,把别人怕她理解为别人尊重她;到了初中,别人不怕她,还跟她捣乱,这个富有含义的捣乱中包含太多的意思,小艾被这种复杂的意思搞糊涂了,她体验到了挫败感。

帮助小艾,需要从探究她的自我感和挫败感开始。这已经大大超乎小艾父母的初衷:一心期望女儿锻炼领导能力,怎么会变成了挫败感呢?这就是家庭成长中的系统性力量。家庭教育几乎无可奈何地受这种力量的驱使。本丛书中的《家庭关系与家庭教育》第一章详细介绍了这种力量的影响。

三、从社会发展来看家庭教育的社会需求

城市化发展进程使得家庭小型化趋势越来越明显，以往聚族而居的现象快速消失，亲缘聚集的生活被陌生人聚集所代替。社会工作者提倡建设熟人社区、建设老人友好社区、建设亲子友好社区，都是现代家庭小型化之后对社区的一种诉求。这种诉求反映的是家庭对于社会公共服务的需求。社会发展一定能满足家庭需求，只是需要一个发展的过程。家庭教育同样对社会发展提出了很高的要求。

家庭教育对社会化教育资源提出了很高要求。从今天丰富的社会培训机构就可以看出这方面的需求已经非常普及，而且已经发展到了必须要进一步提高有效管理的程度。如何合理采用各种社会教育资源服务自己的家庭教育，是每一位家长要面对的事情，也是家庭教育指导工作者要面对的事情。本丛书中的《学习管理与家庭教育》第二章专门用一个小节介绍了这方面的方法。

家庭教育对社区的社会服务提出了迫切的需求。无论是早期养育或者寒暑假生活以及部分特殊情况的孩子，家庭都需要社区具有提供专业服务的资源，帮助家庭应对这些成长挑战。以上海为例，虽然政府已经提供了很多公益暑托班，但是面对庞大的需求，在数量和质量上还远远不

够。还需要广泛开展围绕未成年人发展和家庭成长的社会工作，这些社会工作可以由专业机构来提供，目前还刚刚开始。家庭教育指导师是提供这种专业工作的主要力量。如何以社会工作的方式开展家庭教育指导服务？如何与社区心理服务更好融合？本丛书中的《社会发展与家庭教育》对此进行了详细的介绍。

第二节 中国家庭教育的政策变迁

> **案例 2-6**
>
> 青岛出台家庭教育指导纲要，将"五育"并举落在实处
> ——为焦虑的父母开出一剂"良方"①
>
> 近日，山东省青岛市教育局联合相关市直部门共同下发了《青岛市中小学（幼儿园）家庭教育指导纲要（试行）》（以下简称《纲要》），为全市中小学校（幼儿园）学生家长开展家庭教育提供行为指导和规范指导。《纲要》开全国家庭教育风气之先，率先将德智体美劳"五育"

---

① 载于 2020 年 12 月 8 日《光明日报》第 11 版。有删节。

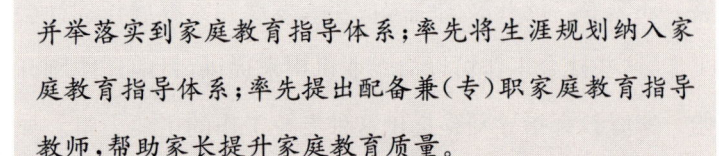

并举落实到家庭教育指导体系;率先将生涯规划纳入家庭教育指导体系;率先提出配备兼(专)职家庭教育指导教师,帮助家长提升家庭教育质量。

8万份问卷,问出无数焦虑家长

青岛市教育科学研究院院长柴清林对记者说,随着经济社会迅速发展,家长和社会对家庭教育指导的需求与日俱增,尤其是新冠肺炎疫情的突发,更是给家庭教育带来了极大的挑战。为做好《纲要》起草工作,青岛市教育科学研究院今年上半年面向全市中小学教师和家长发放了8万份家庭教育指导调查问卷。问卷结果显示,大部分家长都处于比较焦虑的状态,家长们焦虑的主要问题集中体现在以下四个方面:一是孩子的学业指导负担重(占60.92%);二是教育方式不当导致亲子冲突(占41.53%);三是孩子的自理和解决问题的能力不足(占37.3%);四是缺乏共同语言(占21.96%)。青岛市教育科学研究院家庭教育研究中心副主任魏琛介绍说,问卷显示出家长们迫切需要从五个方面得到帮助和指导:如何培养孩子良好的学习习惯、如何提高孩子学习动力、个人情绪管理和行为改善的策略、青少年心理健康教育的相关知识、亲子沟通的方法。

配备专业指导教师,打通家校沟通"最后一公里"

据悉,青岛是2019年《全国家庭教育指导大纲》修订后,在全国教育系统率先研究制定《纲要》的城市。本次出台的《纲要》包括指导思想和总体要求、各学段(包含3—6岁、6—12岁、12—15岁、15—18岁四个阶段)指导家长实施家庭教育建议、保障措施几大部分。《纲要》把生涯规划也纳入家庭教育当中,还提出要加大家庭教育指导教师专业化培养力度,将家庭教育指导作为班主任岗前培训必修课程,从而解决教师在心理危机干预和家庭教育理论知识不足等方面的短板。按照《纲要》的目标,到2021年底,青岛市中小学校每个年级至少配备1名兼(专)职家庭教育指导教师。到2023年,基本建成多元化中小学家庭教育指导课程体系,打造一支专业化家庭教育师资队伍,打通家校沟通"最后一公里"。

设"家庭教育"考评机制,保障《纲要》精准落地

2019年,青岛在全国率先设立行政性质的家庭教育处,2020年,青岛市教育科学研究院专门成立了家庭教育研究中心,构建起了行政、研究两个维度协同推进全市家庭教育指导的工作格局。目前,青岛市所辖10个

区市也均已设立家庭教育科,成立了指导中心,这些都为《纲要》的落地实施提供了重要基础和保障。自2019年以来,已经举办市级"家长大课堂"12讲、市级"家长面对面"活动217次,视频点击量累计达641万人次。

为了进一步保障《纲要》落地实施,青岛市、区教育行政部门还设立了中小学家庭教育指导工作专项经费。将家庭教育指导服务计入工作量,在绩效工资计算上予以倾斜,建立家庭教育指导教师评优评先机制。完善中小学家庭教育指导社区共建机制,城市社区建立家长学校或家庭教育指导服务站点。对各级家长学校的评估纳入文明校园创建和阳光校园评价体系。(记者刘艳杰,通讯员刘彩华)

2016年至今,重庆、贵州、山西、江西、江苏等地陆续颁布了家庭教育促进条例,不断推进我国家庭教育指导的法制化。

青岛市在全国率先制定和发布家庭教育指导纲要,在家庭教育规范化发展方面迈出了重要的一步。相信其他地区也将会陆续颁布此类纲要,这对我国家庭教育走向法制化、家庭教育指导走向职业化和专业化将起到重要的推动作用。

家庭教育问题涉及多学科领域,但与教育领域和社会领域最为关切,因此,家庭教育政策问题多属于教育政策和社会政策的结合领域。

家庭以及家庭教育与社会和国家的关系,在中国有着悠久的历史传统和民族特色。《墨子·兼爱》中写道:"视人之国,若视其国;视人之家,若视其家;视人之身,若视其身。"《孟子·离娄上》有云:"天下之本在国,国之本在家,家之本在身。"《大学》中说:"古之欲明明德于天下者,先治其国;欲治其国者,先齐其家;欲齐其家者,先修其身。"这些典型的言论奠定了中国社会家国同构治理模式的思想基础,家庭教育政策也成为中国社会制度不可缺少的内容之一。与公私分界的传统不同,中国被认为是"家国同构"的社会,有学者将之归纳为以家族主义(家本位)和国家主义的联袂为基本特色的治理方式[①]。

社会政策不但构成家庭发展和家庭教育的外部环境,而且直接引发家庭和家庭教育的变化,例如人口政策、婚姻政策、福利政策以及社会服务政策等。1978年,计划生育作为我国的一项基本国策被写进宪法。1980年9月25日,《中共中央关于控制我国人口增长问题致全体共产党员、共青团员的公开信》指出:"提倡一对夫妇只生育一个孩子。"

---

① 吴小英.公共政策中的家庭定位[J].学术研究,2012(09).

2016年1月1日,修订后的《中华人民共和国人口与计划生育法》正式实施,第十八条规定:"国家提倡一对夫妻生育两个子女。"中国独生子女政策实施了三十多年,独生子女教育成为全国家庭教育指导的核心内容。

目前,二孩、三孩家庭教育成为家庭教育指导的新课题。

一、家庭教育政策概述

(一)内涵

家庭教育政策主要是指各级政府和机构针对家庭教育活动制定的政策指导和规范要求。

家庭教育政策是家庭教育指导者的行动指南,直接影响着家庭教育事业的发展,因此,家庭教育指导者要具有一定的政策理论水平和政策行动能力,以提升家庭教育政策效果。

1. 家庭教育政策与社会公共政策

政策常常被视为社会公共领域的治理工具,称为"公共政策"。公共政策是国家及地方的权威机构为了解决特定的社会问题、促进公共利益的实现和社会进步而制定的相关规定或公共指导准则,这些规定或准则往往是以法律法规、路线方针、法令决策、方法办法、规章制度等形式体现出来[①]。

[①] 莫勇波.公共政策学[M].上海:上海人民出版社,2013:3.

家庭教育政策属于社会公共政策的范畴。21世纪以来的二十余年,随着社会对家庭教育的日益关注和期望,以及家庭自身的教育问题日益凸显,家庭教育问题逐渐走出传统的私人领域,开始进入公众讨论话题以及公共政策的视野。

家庭在整个公共政策领域中曾经是一个较少被提及的概念[1]。2015年以来,习近平总书记明确提出不论时代发生多大变化都要重视家庭建设,并强调家庭建设与国家发展的辩证关系,将家庭建设提升到一个新的高度。

2. 家庭教育政策与家庭政策

一般来说,家庭政策主要是指政府用于稳定家庭和承担家庭功能而针对家庭所推行的社会政策。从某种意义上讲,"社会政策就是家庭政策"[2],任何在家庭以外建立起来的社会制度都不能取代家庭的功能,而只是政府以不同程度和方式对家庭责任的分担[3]。政府乃至社会对家庭及其功能的认识与重视程度决定了家庭政策的走向,因而重新认识中国家庭并厘清其变迁,是研究中国当代家庭政策的

---

[1] 张秀兰,徐月宾.建构中国的发展型家庭政策[J].中国社会科学,2003(06):84—96.
[2] Kamerman S. & Kahn A. Family Policies: Government and Families in 14 Countries [M]. New York: Columbia University Press, 1978: 1-47.
[3] 张秀兰,徐月宾.建构中国的发展型家庭政策[J].中国社会科学,2003(06):84—96.

重要前提[①]。

3. 家庭教育政策与家庭教育指导政策

家庭教育指导政策包含在家庭教育政策的范围内,是关于如何使家庭教育指导工作得到落实,规范指导工作的相关规范和准则,是家庭教育工作者对家庭教育政策的具体实践和落实。

(二)特征

1. 家庭教育政策本质是社会政策与教育政策的结合

家庭教育政策既涉及社会政策,又涉及教育政策,是二者的结合。这一特征决定了家庭教育政策的制定、实施需要发挥社会政策和教育政策的共同优势,对家庭教育问题采取综合治理的方式,从而促进二者共同建构和谐家庭建设体系的形成。

2. 家庭教育政策的目的是促进家庭教育及家庭成员的健康发展

家庭教育政策是以家庭教育发展为目的,指导和帮助家长对儿童开展科学的教育,同时,在价值观、儿童观、文化知识和素养、教育理念和方法等方面提升家长的素养,为儿

[①] 胡湛,彭希哲.家庭变迁背景下的中国家庭政策[J].人口研究,2012(03):3—10.

童的学习与发展创造良好的家庭教育环境。

3. 家庭教育政策的基本价值取向是促进教育公平

家庭教育政策以家庭教育公平为发展目标和基本价值取向,突出家庭教育的独特价值,使得处于不同社会阶层结构中的家庭的后代在教育机会和教育成就的获得上从进步走向公平。教育不平等的根源首先在家庭及其周围的文化环境。有效的家庭教育政策将在一定程度上改变处于劣势的代际传递,发挥出教育的优势。

(三) 类型

联合国早在1948年便在《世界人权宣言》中强调,"家庭是社会组成的最基本和最自然的单元,各国政府都要保护家庭"。一般来说,依据政策出台的形式,我国家庭教育政策的类型主要分以下四类。[①]

(1) 在宪法和其他法律条文中出现。例如,我国宪法中规定,父母有抚养教育未成年子女的义务,成年子女有赡养扶助父母的义务,等等。我国涉及家庭教育的法律还有《中华人民共和国义务教育法》《中华人民共和国未成年人保护法》《中华人民共和国预防未成年人犯罪法》《中华人民共和国反家庭暴力法》等。

---

① 晏红.家庭教育指导概论[M].北京:教育科学出版社,2019:131—140.

(2)在执政党的党纲中出现。例如,在中共十九大报告中提出要"办好人民满意的教育","我国社会的主要矛盾已经转化为人民日益增长的美好生活的需要和不平衡不充分的发展之间的矛盾"等。

(3)在国家元首、政府首脑的正式报告中出现。例如,在2015年春节团拜会上,习近平主席强调要重视家庭建设,注重家庭、注重家教、注重家风。

(4)在执政党、政府的正式文件中出现。例如,中共中央、国务院颁布的《国家中长期教育改革和发展规划纲要(2010—2020年)》提出,"充分发挥家庭教育在儿童少年成长过程中的重要作用"等。

(四)过程

1. 政策问题认定阶段

家庭教育存在各种各样的问题,但并不是所有的家庭教育问题都能称为教育政策问题。只有私人问题逐步转向公共问题,引起公众广泛关注,才能进一步转化为政策问题。家庭教育政策问题同样需要经历这样一个过程。例如,在习近平总书记2015年2月提出重视家庭建设之后,2015年10月教育部颁布了《关于加强家庭教育工作的指导意见》,2016年至今,全国多省市制定出台了家庭教育促进条例。

2. 政策方案的制定阶段

政策方案制定就是使政策合法化,树立权威性的过程。这一过程具有重要的指导作用,需要根据具体情况确定方向性目标、阶段性目标和量化指标等。例如,全国妇联、教育部等九个部门联合制定的《关于指导推进家庭教育的五年规划(2016—2020年)》所提出的总目标就是"到2020年基本建成适应城乡发展、满足家长和儿童需求的家庭教育指导服务体系",同时,这也是方向性目标。

3. 政策执行阶段

政策执行就是政策执行者通过一定的组织形式,利用相关政策资源和工具,采用宣传、解释、协调、控制等行动方式,将政策付诸实施,从而推进政策内容转化为现实效果,以有效实现政策目的的过程[①]。我国家庭教育政策多数是由妇联牵头、多部门联合发文的形式出台的,在执行过程中需要跨界行动、联合出力,可能会因此而使执行效果大大降低。因此,还要进一步优化组织结构,强化责任机制,注重监督和评估效果。

4. 政策评估阶段

政策评估是由政策评估主体依据一定标准,对政策实

---

① 莫勇波.公共政策学[M].上海:上海人民出版社,2013:162.

施的效果等进行综合价值判断。政策评估要素一般包含政策评估主体、客体、标准和信息几个方面。目前我国在家庭教育政策评估、家庭教育指导实践效果评估等方面还比较薄弱,需要随着家庭教育实践的发展,不断扩大研究者队伍,增强研究力量,逐步推进家庭教育事业研究走向科学和深入。

二、我国家庭教育政策的历史变迁

诺贝尔奖获得者阿马蒂亚·森曾指出,"中国必须在建设其未来的同时不背弃其过去"[1]。从某种意义上讲,家庭映衬着中国的过去与未来,它是最具"中国特性"的本源型传统[2]。经历了剧烈变迁之后,中国的家庭如何在超越传统局限性的同时注重传统的延续性,将直接关系到当下中国社会能否顺利完成传统与现代的历史转换。

一方面,中国经历的是人口与家庭的双重变迁[3]。稳定的低生育水平、快速的人口老龄化、剧烈的人口迁移、不断提升的城市化水平,无不冲击着中国的家庭。从总体上看,中国家庭结构不断趋于简化,已呈现出核心家庭为主、

---

[1] 阿马蒂亚·森. 以自由看待发展[M]. 任赜,于真,译. 北京:中国人民大学出版社,2002.
[2] 徐勇. 中国家户制传统与农村发展道路[J]. 中国社会科学,2013(08).
[3] 胡湛,彭希哲. 家庭变迁背景下的中国家庭政策[J]. 人口研究,2012(03):3—10.

扩展家庭和单人家庭补充的格局①。当代中国家庭规模与结构的变动是在"少子化"或"独子化"现象相对普遍的情景下进行的,再加上人口迁移与流动所导致的家庭成员之间的地域分割,家庭成员在生命周期不同阶段可资利用的资源正在减少。虽然这并不必然导致家庭成员间经济关系的急剧减弱,但代际之间的生活互助肯定会受到制约并趋于弱化②。

另一方面,中国家庭变迁内嵌于社会转型之中。社会变迁重塑了家庭关系与家庭功能,夫妻之间的权利格局不断变化,代际之间对文化和传统价值观的传递趋于减弱,家庭中抚育后代、赡养老人以及家务劳作等职能逐渐需要社会来共同承担。尤其随着单位制的解体,个体已由过去的"组织的人"变成现在"家庭的人",国家将很大一部分保障负担转移给了家庭,家庭成员间的传统互助模式成为应对外部风险的前提,家庭网络化现象涌现。

尽管"家本位""家国同构"等传统文化使中国家庭在制

---

① 近30年来,核心家庭占全部家庭户的比重一直维持在60%以上,但1990年以来二代核心家庭户的比重已大幅下降,仅1990—2000年间便下降11.4%,夫妇核心家庭户的比重也在2000年后略有下降;一人户占全部家庭户的比重持续快速上升,目前已超过10%;三代及以上家户的比例自2000年后相比1982年和1990年均有所增加。近30年来,我国家庭平均每户人口数从4.5人左右降至3.1人,减幅达30%,比印度同期的户均规模小30%以上。
② 王跃生.当代中国家庭结构变动分析[J].中国社会科学,2006(01):96—108.

度不健全的情况下仍以这样或那样的方式竭力为家庭成员提供保障并帮助其抵御风险、适应变迁,但远远不足以应对人口、家庭、社会多重变迁所带来的结构性冲击。

(一)我国传统社会家庭教育的特点

我国特定的历史环境和文化背景形成了中国家庭教育的传统特色。从南北朝文学家颜之推的《颜氏家训》到宋朝袁采的《袁氏世范》和北宋司马光的《温公家范》,这些都是我国古代社会的家庭教育经典之作。近代时任广东省省长的朱庆澜亲自撰写的《家庭教育》和著名教育家陈鹤琴先生的著作《家庭教育——怎样教小孩》都具有强烈的中华民族传统特色。总结起来,我国传统社会中家庭教育具有以下几个特点。

1. 重视家庭教育和环境熏陶

我国素来有重视家庭教育的传统。在强烈的家族主义影响下,人们重血亲关系,形成以家为重的"家本位"的观念和行为。父母"望子成龙",对子女的一言一行都有严格的约束和规定。

从我国封建社会的家训、家诫、家规、家范中可以看出,家庭教育中非常强调良好的家庭环境、家风对子女的影响。"孟母三迁"的故事就是典范。《颜氏家训》中也有诸多语句强调环境对教育子女的影响。

2. 提倡早期教育和严慈相济

我国历来提倡对子女进行早期家庭教育,尤其强调胎教,认为实行良好的胎教能给人出生以后的身心健康发育打下基础。西汉政论家贾谊的《新书·胎教》等记载了他自己做太傅的经验和先秦时期关于胎教的情况。此外,东汉思想家王充、隋末唐初医学家孙思邈等都对胎教有专门论述。

自古以来,我国家庭教育就主张对子女要严格要求,不能娇惯溺爱。司马光在《温公家范》中说:"为人母者,不患不慈,患于知爱而不知教也。"古人爱而又教的见解和原则,在当今社会也不失为一条重要的家庭教育原则。

3. 注重教子做人和以身作则

我国传统的家庭教育中特别重视对孩子的行为规范和道德品质的教育,历史上有关家庭教育的论著以及各种家训、家诫、家规、家范中,无一不把教子做人放在首位。做人主要表现在立德、立人、孝亲、勤俭等方面。例如,唐太宗对子女进行德行教育,命大臣魏徵编写《自古诸侯王善恶录》,分赐给子女,要求他们把此书"置于左右,用为立身之本"。我国古代赡养父母被认为是儿女的道德责任,强调子女应报答父母的养育之恩,同时还把勤俭持家作为优秀的传统美德加以颂扬。

《颜氏家训》中记载："夫风化者,自上而行于下者也,自先而施于后者也。是以父不慈则子不孝,兄不友则弟不恭。"陈鹤琴也在《家庭教育》中说："做父母的不得不事事谨慎,务使己身堪有作则之价值。"这些都说明了作为家长首先要以身作则的道理。

但是,由于我国家庭教育长期以来受封建社会思想文化的影响,多少带有一定的保守性和专制性特点。例如,"父为子纲"是封建社会"家长本位"亲子关系的道德准则,一定程度上限制了子女的个性发展和创造精神发挥。传统的家庭教育还以顺从听话为标准来衡量子女是否成才,培养了许多安分守己的"乖孩子"和过多的依赖性格。此外,传统社会的父母以利己小农的教育思想观念出发,把孩子看作家族的私有财产,养成了明哲保身的处事风格。

（二）我国家庭教育日益成为社会公共服务

《中共中央关于坚持和完善中国特色社会主义制度、推进国家治理体系和治理能力现代化若干重大问题的决定》中明确要求"注重发挥家庭、家教、家风在基层社会治理中的重要作用"和"构建覆盖城乡的家庭教育指导服务体系"。

《关于指导推进家庭教育的五年规划（2016—2020年）》中也指出："逐步引入专业化的指导服务力量,提升家庭教育指导服务的质量和水平,增强指导服务的科学性和实效性,基本满足普惠性的家庭教育公共服务需求。"

2019年教育部部长陈宝生在全国教育工作会议上指出,要积极推动家庭教育纳入基本公共服务体系,争取专门经费支持。2021年春全国两会期间,代表委员关于将家庭教育及其指导纳入社会公共服务的呼声不断升高。

其实,早在几年前,天津社会科学院研究员关颖就针对苏州市于2016年在家庭教育中的巨大财政投入问题在《中国妇女报》上发表过文章。她认为,"教育本来就不是教育系统一家的事,家庭教育工作不是妇联一家的'活儿',家庭教育也不是家庭的私事"。

总体看,目前需要在建构家庭教育社会公共服务体系时着力做好三件事:提升学校教师指导家长开展科学家庭教育的能力;积极利用优质家庭教育资源,鼓励家长参与孩子的学校教育;协调各方关系,加强家庭与学校和社会合作共育。

(三)我国家庭教育政策发展的历史演进

1. 国家决策层面对家庭教育指导给予高度重视

1996年至今,全国妇联、教育部(国家教委)等多个部委联合颁布了五个"全国家庭教育工作的五年规划(计划)"。这类政策包括《全国家庭教育工作"九五"计划》《全国家庭教育工作"十五"计划》《全国家庭教育工作"十一五"

规划》《关于指导推进家庭教育的五年规划（2011—2015年）》《关于指导推进家庭教育的五年规划（2016—2020年）》。《全国家庭教育工作"九五"计划》提出了总目标，并根据各地不同的经济发展条件、人口数量、家庭教育工作的基础等情况，按"划三片，分两步走"的原则，以省份为单位确定了家庭教育工作的阶段性目标。为了保证规划的实施，该计划还提出了对应的家庭教育工作评估方案和评估指标。《全国家庭教育工作"十五"计划》强调家庭教育指导的对象主要是0—18岁儿童的家长。该计划指出要努力构建家庭教育指导工作体系和家庭教育网络，加强家庭教育工作基础建设，积极开展调查研究和家庭教育理论研究，丰富和发展有中国特色的家庭教育理论。文件还提出要成立全国家庭教育评估领导小组，在全面评估的基础上，召开全国家庭教育工作交流和研讨会。《全国家庭教育工作"十一五"规划》首次提出了家庭教育工作的指导思想，提出了内容更加丰富、具体的总体目标，包括宣传，工作机制，构建学校、家庭、社会"三结合"的教育网络，理论体系建设，完善法律法规等方面的工作内容。《关于指导推进家庭教育的五年规划（2011—2015年）》相比前几个五年规划，增加了很多新内容，回应了新的社会发展阶段家庭教育出现的问题。在结构上，增加了工作原则的内容。此规划更加重视开展家庭教育公共服务，提出要形成党政领导，妇联和教育部门主抓，多部门合作和社会力量参与的家庭教育工作格局。此规划强调了社会力量发展在家庭教育工作开展中的作用和地位。《关于指导推进家庭教育的五年规划（2016—2020年）》提出了五大基本原则，并通过五个"进一步"强调家庭教育工作重点发展的五个方面。这五个方面构成了统一的整体，从内容、阵地、专业化、科学研究、工作机制等方面确立家庭教育工作发展的格局，指明新时代家庭教育发展的方向。

2002年，教育部和全国妇联颁布的《全国家庭教育工作"十五"计划》提出，"有条件的师范院校、师资继续教育机构，可以开设家庭教育指导课程"。

2004年，《中共中央国务院关于进一步加强和改进未成年人思想道德建设的若干意见》专门阐述了"重视和发展家庭教育"。

2006年，第十届全国人民代表大会常务委员会第二十五次会议修订通过的《中华人民共和国未成年人保护法》明确规定："有关国家机关和社会组织应当为未成年人的父母或者其他监护人提供家庭教育指导。"

2010年，全国妇联、教育部等七个部委颁布了《全国家庭教育指导大纲》，指出"要加强家庭教育指导工作者队伍的培育，重视对指导人员数量、质量和指导实效性的管理"，形成专兼结合、具备指导能力的家庭教育指导工作者队伍[①]。2010年中共中央、国务院颁布的《国家中长期教育改革和发展规划纲要(2010—2020年)》提出制定家庭教育法律。国务院颁布的《中国儿童发展纲要(2011—2020年)》提出"适应城乡发展的家庭教育指导服务体系基本建成"的目标。这类政策包括《九十年代中国儿童发展规划纲要》《中国儿童发展纲要(2001—2010年)》和《中国儿童发展纲要(2011—2020年)》。《九十年代中国儿童发展规划纲要》从多个方面分别阐述了城市和农村儿童发展的目标和策略,在家庭教育方面提出了要"创造有利于儿童身心健康、和谐发展的社会和家庭环境"的要求。《中国儿童发展纲要(2001—2010年)》将儿童发展分为儿童健康、教育、法律保护和环境四个领域,提出要发挥学校、家庭、社会各自的教育优势,充分利用社会资源形成教育合力,促进学校教育、家庭教育、社会教育的一体化。《中国儿童发展纲要(2011—2020年)》增加了指导思想和基本原则。发展领域由四个领域调整为儿童健康、教育、福利、社会

---

① 2011年,教育部、全国妇联等联合颁布的《全国家庭教育指导大纲》根据儿童不同年龄阶段的身心发展特点提出了指导内容要点,是权威的、可操作性强的、直接指导实践的家庭教育文件。2015年10月,教育部出台的《教育部关于加强家庭教育工作的指导意见》强调了家长在家庭教育中的主体责任,提出要加快形成家庭教育社会支持网络,构建家庭教育社区支持体系,给困境儿童提供支持。

环境和法律保护五个领域,即增加了福利这一领域,这说明儿童福利正在成为当前儿童发展中的热点和关键性问题,适度普惠型的儿童福利取向越来越受到政府重视。《中国儿童发展纲要(2011—2020 年)》还提出了基本建成适应城乡发展的家庭教育指导服务体系的目标,这使家庭教育指导成为政府提供、惠及全民的一项公共服务产品。

2015 年,教育部印发了《关于加强家庭教育工作的指导意见》,指出"我国正处在全面建成小康社会的关键阶段,提升家长素质,提高育人水平,家庭教育工作承担着重要的责任和使命"。

从 2015 年初中共中央、国务院举办的春节团拜会,到 2016 年第一届全国文明家庭表彰大会,习近平总书记在许多场合进行了关于家庭的重要讲话,多次强调要注重家庭、注重家教、注重家风。他指出:"家庭是人生的第一个课堂,父母是孩子的第一任老师。孩子们从牙牙学语起就开始接受家教,有什么样的家教,就有什么样的人。"习总书记充分肯定家庭教育的作用,把家庭作为"国家发展、民族进步、社会和谐的重要基点"。

2. 家庭教育指导机构的快速发展迫切需要专业人才

据 2012 年全国家庭教育工作会议发布的信息,在全国

52万多所中等职业学校和中小学、幼儿园中,已建立家长学校的约有33万所,约占总数的63.5%[①]。"十一五"期间全国共建立新婚夫妇学校、孕妇学校、人口学校16.7万所,手机、网络等家长学校2.4万所,乡(镇)、村家长学校21万所,省、市、县三级家庭教育指导中心约5 000所,街道、社区家长学校(家庭教育服务点)4.8万所。[②]

2016年全国妇联、教育部等部委联合印发的《关于指导推进家庭教育的五年规划(2016—2020年)》指出:进一步拓展家庭教育指导服务阵地。继续巩固发展学校、家庭、社区相衔接的指导服务网络,城市社区、学校建立家庭教育指导服务站点或家长学校的比例达到90%,农村社区(村)、学校建立家庭教育指导服务站点或家长学校的比例达到80%。进一步提高家庭教育指导专业化水平。逐步引入专业化的指导服务力量,提升家庭教育指导服务的质量和水平,增强指导服务的科学性和实效性,基本满足普惠性家庭教育公共服务需求。

此外,全国有数百家家庭教育杂志、报纸、电视栏目等

[①] 刘利民.教育部:全国家长学校约33万所,推动家长委员会建设[EB/OL].[2017-01-05].http://roll.sohu.com/20120828/n351741732.shtml.
[②] 赵东花.在全国家庭教育工作会议上的工作报告[J].中国妇运,2012(11):11.

大众媒体传播家庭教育知识，社会上还有大量的家庭教育咨询、服务机构对家长进行个性化家庭教育指导等。家庭教育指导机构的快速发展对家庭教育专业人才有巨大需求。

3. 家庭教育指导专业人才不足影响家庭教育指导和服务质量

2019年全国妇联、教育部等九个部门颁布的《全国家庭教育指导大纲（修订）》中指出：对家庭教育指导者、家庭教育工作骨干、中小学幼儿园教师、托育服务机构工作人员等加强系统化的专业知识培训，提升家庭教育指导服务队伍的专业化水平，形成专兼结合、具备指导能力的家庭教育指导工作队伍。

《关于指导推进家庭教育的五年规划（2016—2020年）》中提出：进一步提高家庭教育指导专业化水平。逐步引入专业化的指导服务力量，提升家庭教育指导服务的质量和水平。

目前，我国家庭教育指导者队伍数量不足、专业性不强、指导质量不高。这些都严重影响着我国家庭教育指导工作的效果和质量，在促进青少年健康成长和家庭幸福生活方面发挥的作用还远远不够。

4. 家庭教育指导队伍专业化培训亟需进入操作程序

基于我国家庭教育指导的现实,《关于指导推进家庭教育的五年规划(2016—2020年)》提出重点任务之一就是"提升家庭教育指导服务专业化水平"。该规划指出：在发展壮大家庭教育专职工作者队伍、专家队伍、志愿者队伍、"五老"队伍基础上,进一步制定家庭教育指导者专业标准和培训规划。各地依托有条件的高校、研究机构或互联网平台等,建立家庭教育指导培训基地,开发适合本地区实际的培训课程和大纲,科学系统培训家庭教育指导服务队伍,提升家庭教育指导服务队伍专业化水平。

三、我国家庭教育政策发展的现状特点

(一)强调政府是家庭教育公共服务的责任主体

政府是提供公共服务的"第一责任人",必须将政府的责任落到实处,各级政府要明确职能,加大对儿童及其家庭的扶持和保障力度,真正落实儿童优先和平等发展的原则,真正改善民生,使广大家庭和儿童共享发展成果。

因此,政府应加大家庭教育政策指导力度。2017年,教育部印发《中小学德育工作指南》(教基〔2017〕8号),明确将家庭教育纳入德育工作体系,指导各地各校建立家庭教育工作机制,统筹家长委员会、家长学校、家长会、家访、

家长开放日、家长接待日等各种家校沟通渠道,丰富家庭教育指导内容,帮助家长提高家教水平。2019年,中共中央、国务院印发《关于深化教育教学改革全面提高义务教育质量的意见》,要求重视家庭教育,充分发挥学校主导作用,密切家校联系,指导家长理性帮助孩子确定成长目标,克服盲目攀比,防止增加孩子过重课外负担。

(二)家庭教育的社会支持力度日益加大

家庭是社会的细胞和基本生活单位,家庭建设和发展需要社会各方面的支持。家庭教育公共服务的对象应是社会中的所有儿童和家庭,既包括正常儿童,又包括困境儿童。普通正常家庭在家庭教育的过程中也面临儿童照顾压力与育儿指导能力不足等方面的问题,需要社会各界和专业机构的广泛支持和帮助。

(三)家长自身提升教养素质的意识和能力逐步增强

家庭教育最终的目标是促进家庭和谐和美好生活的实现,并促进家长和青少年儿童共同进步和成长。从家庭教育指导实践中发现,广大家长的积极热情参与学习和培训,学习意识和学习能力在逐步增强。当然,每个家庭成长的环境和步调是各不相同的,也无须千篇一律地"齐步走",在未来发展中也需要因地制宜和"因材施教",促进每个家庭都像百花园中的花朵一样绽放。

（四）家庭、学校、社会协同工作日趋紧密

家庭教育实践需要家庭、学校与社会协同工作。家庭教育公共服务的提供需要国家各个部委的协同，各个部委要明确权责范围，按照各自角色和职责开展工作，发挥自身优势，共同促进家庭教育事业的发展。

《全国家庭教育指导大纲（修订）》（2019）指出：家长要认识到"家校社"协同育人的重要意义，主动参与"家校社"协同教育，尊重教师，理性表达诉求，积极沟通合作，保持开放心态，引导儿童正确认识各种现象，科学合理地利用各种教育资源，促进儿童健康成长。

（五）家庭教育立法成为新时期家庭教育工作的重要保障

推动家庭教育立法，是新时代家庭教育发展的重要任务之一。通过家庭教育立法，可以确立家庭教育的法律地位，规范行为，予以支撑，切实保障，从而提升家庭教育在现代国民教育体系和终身教育体系中的基础地位，使其发挥应有的作用。如此，家庭教育主体责任缺位，家庭教育的监督管理不够规范，家庭教育的基本公共服务资源缺乏，家庭教育的指导、管理、服务等支持系统不够健全等问题，都可以通过立法来加以规范和解决。

家庭教育立法不仅仅是立一部法律，而是逐步建立起

维护现代文明家庭、确保未成年人健康发展的法律体系。这是从制度上促进家庭建设与教育发展的根本大计,是逐步完善中国特色社会主义法律体系的重要组成部分。

2021年新年伊始,备受瞩目的《中华人民共和国家庭教育法(草案)》正式提请十三届全国人大常委会第二十五次会议审议。这标志着家庭教育正式纳入国家教育事业发展规划和法制化管理轨道。新的《中华人民共和国家庭教育法(草案)》包括总则、家庭教育实施、家庭教育促进、家庭教育干预、法律责任、附则,共六章52条。通过立法确立家庭教育的法律地位,将深入推进家庭教育发展,赋能我国教育事业改革创新[①]。

家庭教育政策的发展既有赖于相关机制的规范,也有赖于相应的法律保障,家庭教育立法进程进一步加快。家庭教育政策处于向前发展的过程中,随着家庭教育政策实践的推进,越来越多的社会问题与相关政策行动被纳入其中,政府对于社会变迁中的社会问题主动给予回应,政策的执行和实施也逐步完善。

(六)家庭教育指导进入专业化发展时期

中国家庭教育学会、中国教育学会家庭教育专业委员

[①] 杨程.家庭教育立法赋能教育改革发展[N].中国教育报,2021-01-28.

会是中国两个最为重要的家庭教育学术团体,在专业化引领方面发挥了积极的作用。

高等院校和科研机构家庭教育研究中心及相关学科相继成立。比如,北京师范大学、东北师范大学、首都师范大学、中国青少年研究中心、中国儿童中心、上海市教育科学研究院等机构相继成立了家庭教育研究中心或研究院所,不断推出研究成果。

还有一些大学开设了相应的家庭教育课程。虽然很多学校在本科阶段仅把这门学科设定为选修课程,但越来越多的学校,如北京师范大学、首都师范大学、东北师范大学、华东师范大学、华南师范大学、西南大学、中华女子学院等,已经开始在研究生阶段确定了家庭教育的研究方向。在新时期,需要积极争取家庭教育学在国家学科体系中的地位,例如,将家庭教育学作为教育学的二级学科等。

这意味着进一步规范家庭教育指导服务者专业化标准和实践指导模式,加快家庭教育指导专业化建设,培养家庭教育指导与服务的专门人才的工作已经初具规模。

(七)中国优秀传统家庭文化开始复兴

中华优秀传统文化中,家风是其中的重要元素,家文化是其中极具特色的组成部分,值得我们认真借鉴和学习。家风是指一个家庭或家族在长期生活中形成的一种较为稳定的风格、作风和传统,对家庭教育有着重要影响和深远意义。

在当今弘扬社会主义核心价值观的同时,我们惊喜地发现,越来越多的人热衷于传承优秀的家训文化,培养后代许多优秀的品质,以更好地继承和发育中华民族的优秀传统文化。

四、我国家庭教育政策的发展趋势

2016年,全国妇联、教育部等九个部门联合制定的《关于指导推进家庭教育的五年规划(2016—2020年)》中提出,"加快家庭教育事业法制化、专业化、网络化、社会化建设,到2020年基本建成适应城乡发展、满足家长和儿童需求的家庭教育指导服务体系"。这既是总体目标,也预示着未来发展的趋势。

(一)家庭教育日益走向法制化

家庭是孩子的第一个课堂,父母是孩子的第一任老师。家庭教育作为人生教育的开端,在整个国民教育体系中发挥着极为重要的作用。家庭教育工作开展得如何,关系到孩子的终身发展,关系到千家万户的切身利益,关系到国家和民族的未来。但是,目前我国家庭教育法长期空缺,家庭教育问题频出,有的家庭出现"重智轻德"、"重知轻能"、过分宠爱、过高要求等现象,有的家庭暴力殴打孩子,甚至出现了一些极端事件,威胁着未成年人的合法权益和健康成长。因此,出台家庭教育法已经到了刻不容缓的地步。

事实上,我国在家庭教育立法方面具有一定的基础。比如,《中华人民共和国教育法》中就规定学校、教师可以对学生家长提供家庭教育指导。再如,教育部会同相关部门先后印发《关于加强家庭教育工作的指导意见》《关于指导推进家庭教育的五年规划(2016—2020年)》等一系列文件,在全国范围内设立了多个家庭教育实验区,指导学校帮助家长开展好家庭教育。可以说,这些政策法规对家庭教育具有很好的指导意义,在提高家庭教育能力、营造良好家庭环境、推进"家校共育"等方面发挥了重要作用。随着教育事业的改革发展,需要对这些好的经验做法进行深入总结,从而形成家庭教育法指导家庭教育出现的新问题、新情况。

从《中华人民共和国家庭教育法(草案)》的具体内容来看,充分体现了家庭教育法与相关政策既一脉相承又与时俱进的精神。草案明确了家庭教育的根本任务在于立德树人。家庭教育不仅仅是家庭内部事务,也事关公共福祉,未成年人的父母或者其他监护人是实施家庭教育的责任主体,在实施家庭教育过程中,不得对未成年人有性别、身体状况等歧视，不得有任何形式的家庭暴力。同时，草案规定了家庭教育干预制度，明确公安机关、人民检察院、人民法院干预家庭教育的情形和主要措施，并对强制家庭教育指导的实施作出规定。可以说，《中华人民共和国家庭教育法（草案）》从政府、学校、社会及家庭等方面为家庭教育提供了全方位、系统性的支持，切实为今后教育改革发展赋能。

2021年是建党一百周年，也是"十四五"开局之年。中共十九届五中全会强调，建设高质量教育体系，健全学校、家庭、社会协同育人机制。立足当下，放眼未来，借家庭教育立法之力，加快促进教育改革全面发展，需要从以下几方面着力。

加快家庭教育法立法进程，完善教育法律体系。《中华人民共和国家庭教育法（草案）》提请全国人大常委会审议，表明家庭教育立法迈出了重要一步。但是，按照立法的周期规律，家庭教育法的正式出台仍是一个漫长的过程，需要社会各界人士积极建言献策，助力家庭教育法尽快出台。同时，要充分借鉴吸收已有成果，确保家庭教育法务实管用。目前，草案还需进一步修改，在修改过程中要坚持科学立法、民主立法、依法立法。从地方推进的角度看，已有重庆、贵州、江苏、福建等多个省市针对家庭教育推出地方性法规，为全国立法作出有益尝试和实践探索，在修改过程中要充分吸收借鉴。

此外,通过家庭教育法为教育改革赋能,要全面开展家庭教育指导。立法只是家庭教育的第一步,并不能解决家庭教育的所有问题,仍需要对家长如何开展家庭教育进行教育。通过对家庭教育的指导,使家长全面学习家庭教育知识,不断更新家庭教育观念,不断提高家长素质,拓展家庭教育空间。

家庭是社会的基本细胞,是人生的第一所学校。通过家庭教育法进一步引导全社会重视家庭建设,注重家庭、注重家教、注重家风,充分发挥家庭教育在未成年人成长过程中的重要作用,推动家庭教育和学校教育、社会教育有机融合,共同培养德、智、体、美、劳全面发展的社会主义建设者和接班人。

(二) 家庭教育指导走向专业化

目前,家庭教育事业虽然发展迅速,但由于专业化人才缺乏,教育理念杂乱,教育方法没有科学普及,导致很多教师和父母在家庭教育和指导实践中成效甚微。社会上广大家长对家庭教育指导的强大需求与家庭教育指导专业人才严重不足之间产生了矛盾,因此,加强家庭教育和服务的专业化指导成为一种十分明显的趋势。

学校(主要是中小学、幼儿园)通常具有完备的教育体系和专业化的教育能力,在指导和服务家庭教育方面具有得天独厚的条件。目前,部分地区已将家庭教育指导与服务能力提升作为教师专业化发展的基本内容,纳入培训与工作考核范畴。例如,广东省中山市相继出台了《中山市学校家长学校评估标准》等作为学校教师家庭教育工作的考核标准。河南省教育厅关工委坚持10多年在全省中小学和幼儿园中按一定比例将在职教师培养成家庭教育指导师,收到了良好的效果。

在推进家庭教育专业人才培养方面,国家要求教育部在人才培养、学科设置、继续教育等方面积极鼓励和支持家庭教育专业化发展。支持和鼓励有条件的高校积极申报"家庭教育"本科专业,开设家庭教育相关课程。支持有关学位授予单位综合考虑本单位学科基础、人才培养条件和社会需求等因素,在"教育学"一级学科下,自主设置"家庭教育学"二级学科,开展研究生人才培养工作。北京师范大学、南京师范大学、华东师范大学等高校在研究生教育一级学科下设置了与家庭教育相关的学科或研究方向,培养家庭教育专门人才[1]。

---

[1] 教育部.对十三届全国人大三次会议第 1026 号建议的答复(教基建议〔2020〕369 号)[EB/OL].[2021-06-02].http://www.moe.gov.cn/jyb_xxgk/xxgk_jyta/jyta_jijiaosi/202012/t20201202_502929.html.

（三）家庭教育指导服务的多元化与个性化

依据全国妇联的家庭教育评估报告可知：一方面，家庭教育指导服务呈现多元化趋势。一是服务机构的多元化。除了依托各级各类学校建立的家长学校外，越来越多的社会公益组织、家庭教育研究院、家庭教育研究中心等多元化的家庭教育服务机构群体提供相应的服务。二是指导服务队伍成员的多元化。截至2016年，全国约有30.4万多所学校建立了家庭教育指导队伍，占学校总数比例为89.9%。全国有22.9万多个行政村建立了家庭教育志愿者队伍，比例为44.5%，有66 910个城市社区建立了家庭教育志愿者队伍，比例为75.4%[①]。随着各地家庭教育讲师团队伍不断发展壮大，越来越多在儿童营养、卫生保健、心理咨询、儿童教育和婚姻家庭等方面具有专业理论知识和丰富实践经验的人员，将被吸纳到家庭教育讲师团中来。三是家庭教育宣传实践活动呈现多元化。从线下讲座到线上指导，从文字传播到音视频直播，从情景剧展演到新童谣传唱，应有尽有。随着体制更加健全，读物更加庞大，技术更加先进，未来家庭教育指导服务无论是服务的形式、传播的渠道，还是成果，都会更加丰富、实用、多元。

---

① 孙云晓. 家校合作共育：中国家庭教育的新趋势[M]. 北京：中国人民大学出版社，2020：221.

另一方面,家庭教育指导服务呈现个性化趋势。"家家都有一本难念的经",这句话说明了每个家庭的教育问题是千差万别的,加上每个孩子所处的家庭环境、年龄学段等的个性差异,要求家庭教育指导和服务是个性化的,家庭教育指导师(者)要针对每个孩子的不同特点,走进千家万户,开展个性化和个别化的指导和服务。

(四)"家校社"在家庭教育指导中深度合作

在家庭教育指导中,家庭应该与学校和社会开展深度合作。在现实中,教师和家长均有意愿和需求加强教育合作。中国青少年研究中心通过3000份父母问卷和1000份教师问卷的调查发现,有89.9%的教师认为家庭与学校的合作共育非常有必要,有83.3%的父母高度认同合作共育的重要性[1]。

另一方面,家校合作也存在着诸多障碍。《中华人民共和国义务教育法》《中华人民共和国未成年人保护法》等法律和政策都将指导家庭教育视为学校的职责,但只有33.5%的教师认为自己有义务去帮助家长提高家庭教育理念和能力,去帮助解决家庭教育中的问题。

---

[1] 孙云晓.家校合作共育:中国家庭教育的新趋势[M].北京:中国人民大学出版社,2020:217.

未来，家庭和学校需要在以下几个方面开展深度合作[①]：

第一，家庭和学校要高度重视现代学校建设中家庭的重要作用。双方都应认识到，家庭资源是学校教育的宝贵财富，父母参与是学校整体改进的重要力量。学校要创设条件，充分发挥父母全面参与学校教育教学管理的作用，拓宽参与渠道。

第二，家庭和学校双方要相互尊重、相互信任，通过协商解决分歧，达成教育共识。学校要保障父母的知情权、参与权、监督权等基本权利。父母要尊重学校办学自主权，积极做好家庭教育工作，积极配合学校教育安排，对学校教育教学与管理积极建言献策。

第三，家庭和学校双方要关注家校合作的重点，克服家校合作共育的难点。立德树人和儿童行为习惯养成是家校合作共育的重点，隔代教育是家校合作共育的难点。教师要增强家庭教育指导的能力，引导父母提高参与学校教育的意识，积极创造良好的家庭环境，保证孩子在学校养成良好的品德能在家庭环境中进一步巩固。

[①] 孙云晓.家校合作共育：中国家庭教育的新趋势[M].北京：中国人民大学出版社，2020：218.

第四,学校要合理设计家校合作共育的模式。当前要加强父母培训质量和家长委员会建设,研究父母成长意愿、孩子成长环境的变化,建构良好的合作共育机制。学校要针对父母参与合作的意识和能力,开展相关培训,促进父母主动提高教养素养。

(五)家庭教育观念在实践中需要与时俱进

家庭教育有其自身的独特规律,而且随着时代的发展而富有许多新的特点和规律。因此,现代父母需要新的家庭教育观念,家庭教育工作者更需要新的家庭教育观,以确保家庭家庭教育指导工作朝着正确的方向前进。这些新的家庭观念包括以下方面。

(1)新的家庭观。新的时代,家庭的结构、规模和类型都发生了诸多变化,家庭成员关系也相应发生了改变。面对社会焦虑、竞争激烈的环境,每一个家庭成员,以及广大社会机构都应该关心家庭建设和家庭教育,努力创造美好生活,构建和谐家庭和和谐社会。

(2)新的儿童观。根据联合国《儿童权利公约》和《中华人民共和国未成年人保护法》,儿童或未成年人拥有生存权、发展权、受保护权和参与权。让每个社会成员,尤其是父母和孩子自己知道并维护、保护、行使好这些权利非常重要。

（3）新的教育观。今天的父母，大多还是只关注孩子的学习、考试和成绩问题，忽视孩子的身心健全发展。使家庭教育回归生活，在日常生活中进行潜移默化的家庭教育非常重要。另一方面，家长应该陪伴孩子学习和成长，甚至向孩子学习。

（4）新的文化观。在家庭教育方面，家长也需要有文化自信，应该运用好中国几千年优秀传统文化资源、家训文化等为家庭教育服务。在此基础上，积极吸收西方文化中发现儿童、尊重儿童权利，培养人的独立性和创造性的特点，使我们的家庭教育健康发展。

第三节　家庭教育指导的边界关系

做好家庭教育指导工作，家庭教育指导师首先要对家庭教育指导的工作对象、受益者以及相关的各类主体，他们相互之间的法律关系和边界有明确的认知，在家庭教育指导工作的开展过程中，指导师要知晓并正确应对各种因素之间的边界。

一、家庭教育指导师与工作对象之间的法律关系

家庭教育指导的工作对象是家庭教育的主要实施者——一般是未成年人的父母,为父母提供家庭教育指导服务。所以,家庭教育指导师开展工作之前,首先应当明了家庭教育指导师与被指导的未成年人父母之间是一种什么样的法律关系。

因为我国尚未实现家庭教育立法,所以,在家庭教育法出台并实施之前,并无法律对何为家庭教育、家庭教育机构、家庭教育指导师、家庭教育指导关系作出严格的界定,因此,在实践中,家庭教育指导师与被指导的未成年人父母之间到底是什么样的法律关系,往往取决于指导师与家长之间开展指导与接受指导的服务模式。

一般而言,指导工作首先是一种民事意义上的指导服务合作关系。在这组关系中,指导者凭借其专业知识和技能为家长提供服务,家长如实陈述家庭教育的问题,接受服务,并提供反馈。在这个服务过程中,指导师有指导师的权利,他需要获得完整的、真实的、尽量充分准确的家庭信息,家长应当作出如实的陈述和尽量的配合。同时,家长也是能动的主体,也有独立的权利,指导师显然不能越界,侵犯到家庭的隐私权,以及家庭成员享有的各项其他权利。指

导师更不能擅自曝光家庭隐私,或者过度侵入家庭事务,要保持适度的参与和克制,不能显然突破合理指导和有效指导的边界。另外,指导师对于从家庭指导中获得的一切家庭信息,都应当充分履行保密义务,这也是家庭教育指导师的职业操守所在。并且,家庭教育指导是高度专业且必须具有高度责任心的工作,指导师应当具有足够专业的能力、专业的知识、足够审慎负责的工作态度、有效的工作方法,以保证指导工作的有效性、安全性。若因为指导工作的显然重大错误,引发对于家庭成员严重侵害的,指导师也会面临相关民事或者更为严重的法律责任的后果。

应当说明的是,按照《中华人民共和国未成年人保护法》第十五条的规定,接受家庭教育指导不仅是未成年人父母或其他监护人的法定权利,更是一种法定义务。如若后续相关立法为家庭教育指导规定了特定的范式,那么根据后续的规定,指导者和被指导者之间也会产生相应的权利义务关系和边界。

二、家庭教育实施者与受益者之间的法律关系

家庭教育的主要实施者是未成年人的父母,受益者主要是未成年子女,二者之间主要是一种民法意义上的监护与被监护的关系。

按照《中华人民共和国民法典》及《中华人民共和国未成年人保护法》等相关规定,监护人要履行如下监护职责。

《中华人民共和国未成年人保护法》

第十六条 未成年人的父母或者其他监护人应当履行下列监护职责：

（一）为未成年人提供生活、健康、安全等方面的保障；

（二）关注未成年人的生理、心理状况和情感需求；

（三）教育和引导未成年人遵纪守法、勤俭节约，养成良好的思想品德和行为习惯；

（四）对未成年人进行安全教育，提高未成年人的自我保护意识和能力；

（五）尊重未成年人受教育的权利，保障适龄未成年人依法接受并完成义务教育；

（六）保障未成年人休息、娱乐和体育锻炼的时间，引导未成年人进行有益身心健康的活动；

（七）妥善管理和保护未成年人的财产；

（八）依法代理未成年人实施民事法律行为；

（九）预防和制止未成年人的不良行为和违法犯罪行为，并进行合理管教；

（十）其他应当履行的监护职责。

第十七条 未成年人的父母或者其他监护人不得实施

下列行为：

（一）虐待、遗弃、非法送养未成年人或者对未成年人实施家庭暴力；

（二）放任、教唆或者利用未成年人实施违法犯罪行为；

（三）放任、唆使未成年人参与邪教、迷信活动或者接受恐怖主义、分裂主义、极端主义等侵害；

（四）放任、唆使未成年人吸烟（含电子烟，下同）、饮酒、赌博、流浪乞讨或者欺凌他人；

（五）放任或者迫使应当接受义务教育的未成年人失学、辍学；

（六）放任未成年人沉迷网络，接触危害或者可能影响其身心健康的图书、报刊、电影、广播电视节目、音像制品、电子出版物和网络信息等；

（七）放任未成年人进入营业性娱乐场所、酒吧、互联网上网服务营业场所等不适宜未成年人活动的场所；

（八）允许或者迫使未成年人从事国家规定以外的劳动；

（九）允许、迫使未成年人结婚或者为未成年人订立婚约；

（十）违法处分、侵吞未成年人的财产或者利用未成年人牟取不正当利益；

（十一）其他侵犯未成年人身心健康、财产权益或者不依法履行未成年人保护义务的行为。

依我们看，上述这些是法律对于监护人履行监护义务的范围和禁止实施的行为种类的规定，同时也说明这些范围就是监护人对子女进行家庭教育所应涵盖的领域，也同样就是家庭教育指导工作的工作领域。指导师在工作开展的过程中，应当充分知晓监护人与被监护人之间的这种法律关系。

在监护人和被监护人之间，父母的监护权既是权利，更是义务，父母虽然是家庭教育的实施主体，有权在法律范围内对未成年子女实施抚养、教育、保护、代理工作，并承担相应的法律后果。

比如在前文案例 2-1 "借款 3000 元变成 30 万元"和案例 2-2 "巨额打赏打水漂"中，身为监护人的小赵爸爸妈妈和小郑的母亲刘妈妈都代理了女儿的诉讼案件，并为其未能充分有效履行抚养、教育、保护义务承担了相应的后果。在"父母教会了我诈骗"的案件中，退赃退赔的工作也由父母作为监护人去完成。

但是在监护人和被监护人之间，被监护人也不是完全被动的实施对象，被监护人也享有充分的人格权、相应的财产权、受保护权、参与权、生存权、发展权等权利。指导师在开展指导工作的过程中，要充分了解受益者——未成年子女所享有的如下权利，要保证不侵犯孩子的如下权利，要引导监护人注意行为边界，维护未成年人的合法权利。

《中华人民共和国未成年人保护法》

第四条　保护未成年人，应当坚持最有利于未成年人的原则。处理涉及未成年人事项，应当符合下列要求：

（一）给予未成年人特殊、优先保护；

（二）尊重未成年人人格尊严；

（三）保护未成年人隐私权和个人信息；

（四）适应未成年人身心健康发展的规律和特点；

（五）听取未成年人的意见；

（六）保护与教育相结合。

三、家庭教育实施者与其他家庭成员之间的法律关系

当我们要面对的家庭结构不是常规意义上的一家三口核心家庭模式的时候，所谓的"主干家庭"往往是在一个家庭中有两代及以上成员组成的家庭。比如家中有爷爷奶奶共同居住，在这种情况下，家庭内部关系不仅存在夫妻关系、亲子关系，还存在祖孙关系、隔辈亲属关系等。此时，实

施家庭教育指导,对于家庭教育影响的因素是更多的,我们除了考虑这些因素对于家庭教育指导效果的影响之外,还要考虑家庭教育的参与主体的多样性,主要实施者与其他家庭成员之间的法律关系。

比如,同住一个屋檐下的爷爷奶奶,即使他们不是家庭教育的主要实施者,也不是受益者在法律上的监护人,但他们在家庭中也有着合法合理的法律地位。

《中华人民共和国未成年人保护法》

第十五条　未成年人的父母或者其他监护人应当学习家庭教育知识,接受家庭教育指导,创造良好、和睦、文明的家庭环境。

共同生活的其他成年家庭成员应当协助未成年人的父母或者其他监护人抚养、教育和保护未成年人。

根据《中华人民共和国未成年人保护法》第十五条第二款的规定,爷爷奶奶作为共同生活的家庭成员,对于家庭教育也有协助开展的权利义务,应当协助未成年人的父母或者其他监护人抚养、教育和保护未成年人。因此,在家庭教育指导工作开展中,要充分尊重共同生活的成年家庭成员的法律地位和相关权利,充分尊重监护人和长辈之间、受益人和长辈之间的权利义务关系,在家庭结构中提供指导服务,要注意不破坏权利义务的结构边界。

四、指导师与学校、村居委会、妇联组织、公检法、律师等之间的法律关系

虽然家庭教育指导师的工作对象是家长,指导工作的内容要通过家长去落实和实现,家长就是家庭教育指导的落点,但这并不表明家庭教育指导师就只和家长发生关系,而不会和学校、村居委会、妇联,甚至派出所、家长的工作单位等发生关联。实践中,很多家庭问题是通过学校或者其他基层组织发现的,后来反馈到相关部门,然后有了家庭教育指导师的参与。

首先,家庭教育和学校教育并非完全脱离的两个事物,我们关于家庭教育和学校教育的边界并不清晰,也无法全然隔断,家庭教育也不可能脱离学校教育单独存在。并且,许多家庭教育指导的工作内容、方式方法也需要指导家长去和学校作深入沟通,指导家长去了解学生在学校教育中的问题,和学校一起共同作用于家庭教育的受益者——学生身上。所以,指导师首先就要重视的是和学校的关系。

在和学校的关系上,指导师应当充分尊重学校的权益,指导师自身从知识上要充分了解学校教育的内容和特点,从关系上要充分认识到家庭教育指导的着力点还是在于家长。要通过作用于家长,使得家长去和学校实现积极良性

的合作和互动。家庭教育指导师不能越俎代庖，不能取代家长直接去和学校发生密切的关联，这是指导师应当知晓的边界。

指导师还应该重视学校之外的其他组织或者机构的作用，注重借助村居委会、妇联组织，甚至派出所、家长工作单位的力量，在保护当事人隐私的前提下，对于一些特定类型的家庭事件，比如涉及家暴、虐待、离婚、人身安全保护、社会治安等性质的家庭教育问题，与这些组织和机构保持有效的沟通，并共同作用于家庭，促使家庭教育的实施者和关联者发生改变，从而改善家庭教育的效果。

指导师还应注重和律师、公检法工作人员，对于特定家庭的指导工作。对于相关法律问题，当指导师难以把握边界的时候，要擅长向专业法律人士去请教，严守在法律的范围内，做好家庭教育的指导工作。当某些家庭教育问题已经明显超越了法律的边界，构成了严重的违反治安案件或者刑事犯罪的时候，指导师应当明白，这是专业的执法和司法机构的管辖范围，应当由执法和司法机构去实现对违法行为或犯罪行为的制裁。

第三章

符合中国文化的家庭教育指导职业操守

第一节　家庭教育指导的职业规范

> **案例 3-1**
>
> ### 孩子，你快乐吗？
>
> 女儿今年小升初，马上就要参加外国语中学的推荐生考试。她每天早上6点10分起床，起床洗漱后的第一件事就是做一套中招考试的英语试卷，做完才能吃早饭，然后7点20分出门去学校，每天下午放学后都会有课外辅导班，经常是8点之后才能回到家，回来后还要写作业，做英语试卷，至少是10点后才能够休息。孩子这么辛苦，我很着急，也很焦虑，着急的是这种状态孩子还能坚持多久，焦虑的是孩子能不能考上她想上的学校。作为父亲，我只能是给孩子买点好吃的，然后每天鼓励一下。
>
> 和女儿相比较，我的童年和少年在物质条件上差了很多，没有单独住的房间，没有专门配备用的电脑、手机，

也没有什么必胜客、土大力、汉堡王、味千拉面等等有好吃的去品尝，但是有很多好玩的，或者说有很多可以玩的时间。我有很多小伙伴，可以一起去爬树摘核桃，可以一起到小河里去游泳，可以一起扔沙包、打弹珠，放学以后没有课外辅导班，小学阶段还没有开始学英语，学习的时间远远没有玩的时间多！

可是我的孩子没有玩的时间，她只有永远做不完的作业！只有没完没了的辅导班！我们没有耐心等待孩子慢慢长大，我们不允许孩子自由成长，我们不给孩子失败的机会，我们不切实际地希望孩子总是最好的，我们用自己的梦想取代孩子的理想，我们甚至不让孩子有自己的向往，我们没想过孩子还是童年或少年，急切地把很多大而无当的成人智慧塞给孩子，我们忘记了自己也有过童真和顽劣，过早地要孩子为未来预支烦恼。

我们也许因为自己卑微而饱受冷遇，便想把孩子培养成高贵的种类。我们对孩子的爱心不容怀疑，但也许我们只是把孩子当作资本在经营，希望获取高额回报。有人对中国和外国的儿童做过对比调查：很多外国儿童说长大后想当出色的工程师、教师、会计师甚至服装师、理发师；而我们中国孩子志向大得很，希望自己长大后成为市长、总经理或科学家。但毕竟更多的人会成为普通劳动者,当市长和总经理的永远只能是少数。

那么,我们在向孩子灌输美好希望的时候,其实早就为他们预备好了失望。于是更多的孩子带着失望走向社会,他们也许终生都摆脱不了盘旋在头顶上的"劣等公民"的阴影。可是我们又不得不这样教育孩子。没有好的成绩,就上不了好的初中、高中和大学,就不可能出人头地。我们担心孩子面临的是一个功利的社会,我们担心孩子遭遇的将是更激烈的生存竞争。

我真希望我的孩子像野草一样自己去长,却又怕她真的成了野草,被人踩在脚下。我很想问问女儿:你快乐吗?可是我不敢问。我不知道怎样做父亲!我同情和可怜孩子,但束手无策,因为我无法改变整个社会的游戏规则和教育模式。

我的一个好朋友告诉我,不用担心我们的孩子,他们一定会比我们这一代强。希望是这样吧!

说实在的,看了这位家长的心里话,确实高兴不起来,他真实地描写出当下中国家庭孩子的学习现状以及父母的心结。现在的孩子确实要比他们的家长小时候辛苦得多。在当下中国,这样的家长绝对不在少数,如何才能使这样的家长走出烦恼与纠结？更重要的，如何才能使孩子们快乐起来？这应该是亟待解决的大问题了。如果家长自身不能很快解决问题，那真的需要专业的家庭教育工作者们给予全面、科学、专业的指导了。

在我国古代，既有"昔孟母，择邻处"的成功家庭教育案例，也有"伤仲永"这样失败的家庭教育教训；既有北朝时期颜之推撰写的《颜氏家训》等经典家庭教育著作，也有像三国时期诸葛亮撰写的《诫子书》家庭教子典范。按道理来说，家庭作为每个人的第一所学校，孩子出生后，通过家长的以身作则和生活指导，以及家庭环境的潜移默化熏陶，就能够完成培养人的基本任务了。家长们依靠社会文化的自然传承、家族祖辈的教养经验和自身成长体验可以自然习得教育的内容和方法，并不需要接受任何他人的家庭教育指导。

但是，随着社会的发展，教育问题日益复杂化，成为整个社会系统中的关键问题。尤其是在整个社会出现焦虑的大背景下，单靠个人很难解决孩子成长过程中的所有问题。家长的工作繁忙，工作压力增大，无力和无暇顾及孩子成长中遇到的诸多问题。还有，社会职业和分工日益细化，专门从事家庭教育指导的职业逐渐产生了。

一、家庭教育指导的职业化发展历程和现实需求

（一）家庭教育指导的职业化发展历程[①]

1. 国际上家庭教育指导的发展状况

1989年第44届联合国大会决议通过了《儿童权利公约》，这是第一部有关保障儿童权利且具有法律效力的国际性约定，对儿童受保护、受教育等基本权益进行了明确规定。这也意味着家庭教育不再只是私人性质的教育，它关乎人与社会发展的公共利益。如果家庭无视儿童权益，违背了儿童的身心健康发展规律，家庭教育就要受到干预。社会和国家也应主动创建家庭教育支持和服务体系，为家长提升家庭教育教养能力提供指导、支持和帮助。

在英国，社区普遍设有家庭中心，负责社会工作推广与服务项目，指导家长学习如何满足儿童的需求，帮助一些家长改正不良的教育方法。英国的学校和专业团体还积极推动父母参与方案和家庭教育访问计划，为家长参与学校教育、提高儿童学业成就及改善家庭教育状况提供指导。

在德国，家庭教育很受重视，强调学前教育只是家庭教育的延伸。1917年，德国建立了第一所母亲学校，为母亲

[①] 孙红."家庭教育指导师"职业发展历程探究[J]. 中国多媒体与网络教学学报(上旬刊), 2020(5): 100—101.

提供家庭教育指导服务。德国的大学设置有家庭教育指导课程，有相关企业提供经费以支持家庭教育指导研究与培训[①]。

在美国，1855年就成立了全国母亲协会，1897年更名为全国家长教师协会，目的是促进家校之间的合作。1924年美国全国家长委员会成立，目的是促进家庭教育指导的研究与推广。20世纪60年代以来，美国政府开始对成人教育进行全面介入，出现了"教育父母即照顾儿童项目"等。1987年美国约翰霍普金斯大学的教育社会学家爱普斯坦启动了一项研究，努力建立学校、家庭与社区伙伴关系的交叠影响理论，开创了美国家校合作的模式，对世界上许多国家和地区都产生了影响。

2. 我国家庭教育指导的发展历程

(1) 古代社会的家庭教育指导

我国奴隶社会及远古社会的教育主要在家庭当中进行，教育内容都是根据家庭中成员的不同职业进行的家庭教育，各个自由民阶层都结合自己的职业来进行各自家庭的家庭教育，传授知识和劳动技能大都是父兄的职业经验，家庭教育都是自发性的，没有政府或者民间组织对家庭教

[①] 黄德祥.亲职教育[M].台北：华侨书局有限公司，2002：76—81.

育进行指导，没有专门的家庭教育指导行业，更没有专门的家庭教育指导师职业。

我国古代有丰富的教育著作，一些读书人借鉴书中内容对自己子女进行教育，如《学记》是中国古代战国时期一篇教育论文，是古代中国典章制度专著《礼记》(《小戴礼记》)中的一篇，是中国也是世界上最早的一篇专门论述教育和教学问题的论著，《大学》《中庸》也是这个时期有名的教育著作。这个时期通过这些教育著作对家庭教育发挥间接的指导作用比较有限，家庭教育主要还是依靠家庭自身的教育功能对儿童进行家庭教育。

中国封建社会家庭教育已经非常发达，通常儿童入学前在家庭中接受教育，然后才进入私塾或者书馆进行学习，书馆或者私塾也是由私人开办，相当于扩大的家庭教育。跟奴隶社会一样，封建社会没有专门家庭教育指导行业，更没有专门的家庭教育指导师职业，不同之处在于封建社会的家庭教育从内容、形式、方法与奴隶社会相比都很发达，特别是有关家庭教育的著作也十分丰富。如，我国南北朝时期颜之推的《颜氏家训》，它是我国封建社会进行家庭教育的一个教科书式的范本，成书二十篇，家庭教育思想十分丰富，齐家、治国、平天下等涵盖的面比较广，家庭教育指导方面，如家庭教育应及早进行，用什么样的方法进行家庭教育等实践操作性强,借鉴意义比较大。

通过家训来教导自己的子弟成为我国封建社会进行家庭教育指导的主要形式,对于自己家族的家庭教育有明显的干预和指导作用,此阶段虽然没有专门的家庭教育指导规范,没有完备的家庭教育指导服务体系,但这种家族性质的家训、家诫、家规、家法等在发挥某种程度的家庭教育指导作用,对于家庭教育质量的提升有一定的指导意义。

(2) 近代社会的家庭教育指导

中国近代社会主要指从 1840 年到 1949 年中华人民共和国成立这段时间。清朝末年,以清政府颁布实施《癸卯学制》为背景,1903 年《奏定蒙养院章程及家庭教育法章程》是我国近代第一个家庭教育法令,也是中国教育史上第一个家庭教育法令,法令规定要向家长传播家庭教育知识。1917 年朱庆澜编撰的《家庭教育》,是我国近代家庭教育史上第一部家庭教育专著,讲述了家庭的重要性、家庭教育的基本原则、家庭教育要尊重儿童的身心发展规律、家庭教育环境对儿童教育的重要性、家庭教育中父母教育一致性的重要性等。1919 年文学家鲁迅先生提出了家庭教育的三条建议:理解、指导与解放。鲁迅先生关于"指导"的论述要求改革家庭、"革命要革到老子身上",将"指导"建立在反对宗法家长制、提倡民主与科学的新文化运动基础之上。此阶段家庭教育的明显发展变化是政府开始关注家庭教育,并从政府的角度开始对家长进行家庭教育指导,随着民间对家庭研究和对传统家庭教育思想的批判,引起政府对家庭教育的关注,政府也在这个时期出台相关的法令对家庭教育进行引导,保障家庭教育的质量,对特殊时期的家庭教育具有特别的意义。

从以下政府出台的文件中可推测政府对家庭教育的关注程度。1938年12月,国民政府教育部颁布了《推行家庭教育令》,从宏观上开始倡议家庭应该进行家庭教育。为了具体执行《推行家庭教育令》,1940年9月,国民政府教育部又颁布了《推行家庭教育的办法》,开始全面规范和规划国家的家庭教育工作,文件同时涉及如何对家庭教育进行指导,此文件就是当时国民政府教育部颁布的家庭教育管理指导工作的第一个法规。法规中明确规定:要在全国推行家庭教育并明确职责范围,规定推行家庭教育指导的具体做法(家庭教育讲习所、讲习班,大学里设置家庭教育相关专业),对家庭教育指导人员进行训练,编著翻译相关的家庭教育书籍等。1941年,国民政府再次颁布家庭教育法令《家庭教育讲习班暂行办法》,对家长的家庭教育指导形式进行了明确的规定,规定家庭教育讲习班(相当于今天的家长学校)的修业期限、考核、发证等。对家长的家庭教育素养如何提高进行具体的规范。

(3) 现代社会的家庭教育指导

随着1949年中华人民共和国成立,特别是在1978年之后,改革开放政策积极推行,国外先进的教育理念持续传入我国,引起国民对于儿童观、教育观、课程观的大转变,认识到了家庭教育是教育的重要组成部分。梳理这段时间,家庭教育指导发展大致可以分为三个阶段。

第一个阶段,以1980年我国第一个家庭教育学术团体"北京市家庭教育学会"的成立为标志,开始了我国民间对家庭教育工作的研究和推进。同时也揭开了我国家庭教育指导的新时期,我国家庭教育指导开始从理论层面和实践层面双重推进。

第二个阶段(20世纪90年代初),特点是政府开始主导家庭教育,对全国的家庭教育指导工作进行规划、管理、指导和评估。1992年的国务院颁布《九十年代中国儿童发展规划纲要》,1996年全国妇联、教育部颁布了专项文件第一个家庭教育五年计划《全国家庭教育工作"九五"计划》,标志着政府开始主导家庭教育指导工作。在这样的背景下,2006年,从美国引进了家庭教育指导师行业,家庭教育指导师称呼引用美国的行业概念。但是,这种职业并不是从 2006 年开始我们国家才有的,从对民国时期的家庭教育的法律法规文件中可见,那时候就有了家庭教育指导者行业,也有了对家庭教育指导者进行的相关培训。随后大家也开始为了家庭教育指导的发展而展开对家庭教育指导师的理论研究和实践探索,特别是研究制定新兴行业的行业规范和标准,作为保障行业服务质量的基础。

随着行业发展,出现了诸多问题,许多研究就是为了解决现实问题。2010 年七部委联合颁发《全国家庭教育指导大纲》,政府开始通过纲要的形式从国家层面指导家庭教育,2011 年《中国儿童发展纲要(2011—2020 年)》颁布实施,纲要中提出要构建基本覆盖城乡的家庭教育指导服务体系,对我国家庭教育指导服务体系进行了具体的规划。其次,《关于指导推进家庭教育的五年规划(2011—2015 年)》颁布实施,我国家庭教育工作发展由重点发展转变为普及发展,由点到面全面开花的局面初步形成。2015 年《教育部关于加强家庭教育的指导意见》出台,该指导意见的出台间接促进了家庭教育发展过程中发挥重要作用的社会职业——家庭教育指导师的发展。2016 年 11 月,全国妇联联合教育部等多个部委,联合印发了《关于指导推进家庭教育的五年规划(2016—2020 年)》。该规划进一步强调家庭教育中家庭的责任意识,着力提升家庭的家庭教育水平,在广覆盖的基础上开始注重家庭教育的品质提升。

纵观我国家庭教育的发展历程,我们可以梳理出家庭教育指导的发展脉络,古代的教育主要在家庭当中进行,古代家庭大多受家风和家规、家训等著作间接的影响,是指导家庭教育的一种间接形式,统治者总体来说没有关注到家庭教育,更没有认识到家庭教育的重要性,也没有家庭教育指导;1903年的《奏定蒙养院章程及家庭教育法章程》是我国近代第一个家庭教育法令,法令规定要向家长传播家庭教育知识,倡议社会民众应该进行家庭教育,但此法令只是一种倡议性的文件,执行实效性很差,近代社会没有形成家庭教育指导服务体系;进入现代,1992年国务院颁布《九十年代中国儿童发展规划纲要》,1996年全国妇联、教育部颁布专项文件第一个家庭教育五年计划《全国家庭教育工作"九五"计划》,标志着政府开始主导家庭教育指导工作。在这样的背景下,2011年开始构建基本覆盖城乡的家庭教育指导服务体系,2016年《关于指导推进家庭教育的五年规划(2016—2020年)》,开始寻求家庭教育指导的深入均衡发展。由此可以看出,家庭教育发展史就是家庭教育指导服务体系及家庭教育指导师行业的发展史。

如今,在国家主导和社会各界的努力下,家庭教育指导服务体系开始孕育和形成。

（二）家庭教育指导的现实需求

> **案例3-2**
>
> ### 近半数未成年人经常观看短视频
>
> 稚嫩的指尖不停地滑动着手机屏幕，双眼紧紧盯着屏幕一动不动，屏幕上满是冲击性强的画面、节奏感强的音乐，这是六年级的小宇观看短视频的日常。"只要手机在身边，我就会看短视频，因为里面的内容太搞笑了。"面对课业与升学的压力，网络短视频已成为多数青少年的选择。
>
> "枯藤老树昏鸦，晚饭没鱼没虾……我爸长得很丑，但他不嫌你瞎！"你能想象，这是一个6岁小女孩对妈妈说的话吗？如此调侃的话语，让刷到这个视频的肖女士感到不适，她打开评论区留言："这要是我家孩子，一个嘴巴子抽过去！"不过立即有网友回复："童言无忌，不过是句玩笑话，这位家长怕是入戏太深了吧！"
>
> 如今，短视频已经走进人们的日常生活。对于青少年而言，短视频更是有着不小的影响。共青团中央维护青少年权益部、中国互联网络信息中心联合发布的《2019年全国未成年人互联网使用情况研究报告》显示，

> 2019年,未成年人在互联网上经常收看短视频的比例达到46.2%,较2018年提升5.7个百分点。在这样的背景下,如何让青少年更好地接触短视频,成为值得思考的社会课题。

互联网时代,无论是青少年儿童,还是成年人(家长),都没能逃脱"看短视频打发时光"的生活样态。这给每个人的生活都带来了巨大影响,尤其是年少无知、正在成长中的儿童。许许多多孩子的父母并没有意识到这一点,即便部分父母意识到了手机短视频给孩子的学习以及成长带来了危害,但也无计可施、无能为力——他们不懂也不会指导孩子如何正确运用移动设备,当好他们"原住民"的角色。

2015年,习近平总书记提出了"注重家庭、注重家教、注重家风"。家庭教育的地位与家庭教育指导的作用受到全社会普遍重视。然而现实中,家庭教育指导工作却面临诸多困境。

1. 学校需要提高对家庭教育指导的重视程度

家庭教育指导是学校教育重要的中心工作之一,但因种种原因,家庭教育指导往往沦为学校教育的"附庸"或"配角"。

教师日常工作繁忙,时间和精力有限,无暇顾及家庭教育和家长工作。部分教师误认为家庭教育只是家长的工作，与学校和教师无关。还有部分教师持观望、猜疑的态度，缺少对孩子家庭教育和成长环境进行科学、细致的研究，遇到问题采取埋怨、想当然、推卸责任的做法，致使学校教育与家庭教育之间缺乏应有的有效沟通和平等交流。

2. 教师和家长都有必要提升家庭教育指导的专业能力

家庭教育指导是一项专业性的工作，但因认识不足、能力缺乏等原因，教师和家长往往自信心不足，很难给予专业性、科学性、实践性的指导。

孩子的健康成长需要教师与家长密切合作，相互支持，而不能各自站在自己的角度相互指责、埋怨，甚至产生矛盾，在教育孩子方面各自推诿，最后导致孩子受到忽视甚至伤害。这是双方都不希望看到的结果。

（三）家庭教育指导师职业应运而生

为了提高广大家长和家庭社会工作者在家庭教育指导领域的工作技能，劳动与社会保障部曾推出家庭教育指导师职业资格证书培训与考核项目，统一使用由中国青少年研究中心编印的《家庭教育指导师培训教材》。

家庭教育指导师是"导"，而不是简单地"教"。家庭教育指导师是通过学习家庭教育指导师（高级）研修课程，能够真正系统地掌握家庭教育的科学理念、理论知识及家庭教育基本方法,具备在家庭教育及指导工作中进行指导的能力;能够针对家庭教育的各类问题,制定实施行之有效的解决方案。

《全国家庭教育指导大纲(修订)》(2019)在"抓好队伍建设"部分中指出:各地各相关部门要按照《大纲》要求,对家庭教育指导者、家庭教育工作骨干、中小学幼儿园教师、托育服务机构工作人员等加强系统化的专业知识培训,提升家庭教育指导服务队伍的专业化水平,形成专兼结合、具备指导能力的家庭教育指导工作队伍。这里基本明确了家庭教育指导工作者队伍的组成人员。

1. 家庭教育指导者的队伍构成

家庭教育指导者大致由以下三部分成员组成:

(1) 中小学、幼儿园教师,托育机构从业人员。

(2) 社区机构工作人员。

(3) 热心家长。

对于未成年人健康发展而言,中小学、幼儿园教师,甚至托育机构的从业人员,因为本身具有专业性,具有基本的职业道德和规范要求,是非常重要的教育者,是孩子生命成长中的重要引路人。因此,他们负有指导家长进行家庭教育的重要责任,理应是家庭教育指导者队伍中的中坚力量。

家庭位于社区中,与邻里、社区居委会工作人员等有着密切的交往和联系。家庭成员的日常生活离不开与社区机构的工作人员打交道。为了营造和谐的社区氛围和良好的社会环境,社区机构的工作人员也应自觉成为家庭教育指导者。

《全国家庭教育指导大纲(修订)》(2019)指出:家长是家庭教育的责任主体。家长在家庭教育中负有主体责任,要依法依规履行对子女的监护职责和抚养教育义务,了解监护人法定权利和义务,学习家庭教育知识,掌握家庭教育理念和方法,提升科学实施家庭教育的能力。

2. 家庭教育指导者资格条件

专业化是人才提升的必经之道,在家庭教育专业人员的教育和培训方面,在全世界最早推出家庭教育法的台湾已经有了比较系统的做法。1986年,我国台湾地区为解决家庭危机和青少年犯罪问题,在各县市成立了"亲职教育咨询中心",1990年更名为"家庭教育服务中心",1999年为区别于"家庭扶助中心",更名为"家庭教育中心"。2003年,台湾地区颁布了有关家庭教育的规定,教育主管部门据此开发与实施了针对不同群体的各类家庭教育课程,对学生实施家人关系、家庭生活管理和家人共学三个方面的家庭教育课程,采取以讲授课程为主、活动课程为辅的方式,把家庭教育指导纳入针对青年学生的学校课程体系之中。

台湾师范大学人类发展与家庭学系的黄迺毓教授介绍说,台湾目前有 6 所大学开设了与家庭教育相关的科系,申请家庭教育工作者认证的人,需要到这些大学的专业系所修满 20 学分,等于上 10 门课,必修 5 门,选修 5 门,一共要上 360 小时的课,除此之外还要求有工作经验。这是基本门槛。黄迺毓说,这 6 所学校的家庭学系的学生可以直接申请认证,心理学、社工系、幼儿教育系等与儿童和家庭有关系的相关专业学生除修满 20 学分之外,还需要有一年与家庭教育相关的工作经验。而非相关专业的学生,比如化工系、医学系学生,需要有 3 年的实务经验。

中国青少年研究中心科研应用部负责人曹萍认为,家庭教育工作者的成长至关重要,成长的核心是要有敬畏之心,对学员敬畏,对服务对象敬畏。成长路径是助人助己、内外兼修。

据新东方家庭教育研究与指导中心主任应光介绍,在新东方所有的培训项目当中,家庭教育指导师项目被评为最有价值的项目,有些纯粹是热心家长来学习。

3. 家庭教育指导者的未来职业前景

据权威机构统计,我国在今后的发展中至少需要 100 万名家庭教育咨询指导专业人员,具有广阔的前景,颇具发展潜力。目前,家庭教育指导在美国已经成为一个比较成熟的行业,平均每 80 个家庭就有一名专业的家庭教育指导师。未来,我国家庭教育指导者队伍会逐步扩大,并日益成长为文明、和谐社会中一支不可忽视的支撑力量。

二、家庭教育指导的职业规范

(一)家庭教育指导的内涵

1. "指导"的内涵

"指导"作为一种普通的日常行为活动,是一个在生活中普遍使用的日常用语,具有指示教导、指点引导之意。随着社会分工和专业领域的发展,"指导"逐渐成为相关领域的专门术语,进入心理学、教育学、社会学等领域,成为一种专门化的服务活动。

在教育学领域,德国教育家赫尔巴特在其《普通教育学》(1860 年)著作中把教育活动分为"管理""教学"与"训育"三种,后来他进一步把"训育"分化出来,使之具有独立的教育内涵和教育性概念。美国教育家杜威在《民主主义与教育》(1916 年)中明确提出"教育即指导",期望教育不是直接的外部控制,而是通过兴趣与理解的认同达到具有社会意义的内在控制。这种"指导"不局限于学校情境,而是真实的社会指导教育,"无此指导作用,社会不能一日相安;有此指导作用,社会才能顺遂进行"[①]。

2. 指导活动的职业化

《世界教育年鉴》(1955)把"指导"定义为:"为了个人的幸福和社会效益,在每个人努力发现发展各自潜力的整个时间对其进行援助的过程。"这一概念界定比较宽泛,包含了人生的整个事务。从专业角度看,专门的指导主要有以下几个含义[②]:

(1) 指导是教育活动功能分化所产生的专业育人过程,是具有独立性的专门教育活动。不过,转向指导也应与其他教育活动相互结合,共同促进人的发展。

(2) 指导是对人的主动趋势进行引导,而不是外在的控制和管理;指导的价值在于增进人的潜能,并不局限于增加人的知识与技能。

(3) 指导是社会各个领域普遍存在的一种非正规教育活动,在有的领域已经发展成为一门专业或者一种职业。在现代社会,指导已经发展成为以实现公共利益为目的的社会服务事业。

3. 家庭教育指导的内涵

家庭教育指导在我国台湾和香港地区称为亲职教育

[①] 梁漱溟.教育与人生[M].北京:当代中国出版社,2012:19.
[②] 晏红.家庭教育指导概论[M].北京:教育科学出版社,2019:27.

(parental education)、家长教育、父母教育或双亲教育(parent education),在美国称为家长参与(parent involvement)。

我国学者晏红认为,家庭教育指导是指相关机构和人员为家庭发挥正向功能而提供的支持、帮助和指引[①]。这就意味着,家庭教育指导旨在指引家庭发挥促进人的发展的功能,包括家长及孩子在内的所有家庭成员都是家庭教育指导的对象,家庭教育指导对象不仅仅局限于家长。家庭教育指导既为家庭发挥正面教育观念提供援助与引导,又为家庭观念失调提供补救与矫正,因此,婚姻教育、家政教育、家庭建设、家庭伦理、家庭关系、媒介素养、家庭生活教育、亲子教育、隔代教育等内容都属于家庭教育指导工作的范畴,应从整体上建构家庭教育的支持系统。

(二)一般的职业道德与职业规范

1. 什么是职业规范?

所谓职业,是指人们从事相对稳定的、有收入的、专门类别的社会劳动,是人们维持生计,承担社会分工角色,发挥个性才能的一种持续进行的社会活动。也可以理解为人们参与社会分工,利用专门知识、技能为社会创造物质财富、精神财富,获取合理报酬,作为物质生活来源,并满足精

---

① 晏红.家庭教育指导概论[M].北京:教育科学出版社,2019:30.

神需求的工作。

职业是社会分工的产物,是由于特定的社会分工而形成的具有专门业务和特定职责的社会活动。原始社会由于生产力水平低,没有社会分工,没有职业(男狩猎、捕鱼,女采集果子)。随着生产力发展,农业与畜牧业、手工业、商业的三次分工,形成了具有不同业务和不同责任的独立部门,从而产生了各类从业人员。

现在社会分工越来越细,职业越来越多。由于职业分工,人们对社会承担职责不同,服务对象、活动条件也不同。为保证职业活动正常进行,各行业形成了一些特殊的要求,也就形成了各种道德规范和准则,于是,职业道德就应运而生了。

2. 什么是职业道德?

职业道德是从业人员在职业活动中应当遵循的行为准则与规范,不仅是从业人员在职业活动中的行为要求,而且是本行为对社会所承担的道德责任和义务。它们规定人们"应该"做什么,"不应该"做什么,以及"应该"怎样做等。

社会上的职业千差万别,不同职业有不同的职业道德,而且各具特色。例如:护士——救死扶伤,治病救人;教师——教书育人,为人师表;军人——英勇善战,保家卫国;法官——秉公执法,严格办案。

3. 职业道德的基本规范

（1）爱岗敬业：这是职业道德最基本、最起码的要求，是遵守职业道德的首要标志。爱岗敬业就是热爱本职工作，用一种恭敬严肃的态度对待自己的工作岗位。爱岗敬业的要求：树立正确的职业观。确定职业理想，视事业为生命；热爱本职工作，树立"干一行、爱一行"的思想；要做好自己的本职工作，勤学多问，掌握过硬本领。

（2）诚实守信：这是为人处事的基本准则，是传统美德，是对社会、对人民所承担的义务和职责，是处理人际关系的首先准则。诚实不是老实更不是老好。诚实就是真实地反映客观事物，真实地表达自己的思想和感情。守信就是忠实于自己应当承担的责任、履行的义务，实践自己的诺言。诚实守信作为一种道德规范，是职业道德的根本，是做人的准则，也是办事的准则，更是行业的形象。

（3）办事公道：办事公道是指从业人员在本职工作中，以国家法律、各种纪律以及公共道德准则为标准，秉公办事，公平、公开地处理问题，平等待人，不损公肥私。办事公道的要求：坚持原则，秉公办事；廉洁奉公，不徇私情；照章办事，平等待人。

（4）服务群众：服务群众不仅是服务工作的人或领导的要求，服务群众是社会主义职业道德的目的。服务群众的道德要求：热情周到，满足需求；心中有群众，处处方便群众；自觉接受群众监督。

（5）奉献社会：奉献社会是一种无私忘我的精神，是职业道德的出发点和归宿，是每个从业者职业道德修养的最终目标。奉献社会的道德要求：立足本职工作，多做贡献；胸怀祖国，团结协作；要反对行业不正之风。

行业职业道德规范是与该行业的个性特征相适应的、具体的道德行为规范，是共同职业道德的行业化和具体化。爱岗敬业、诚实守信、办事公道、服务群众和奉献社会是各行各业的共同道德规范。行业职业道德与行业个性特征紧密相关。

培养良好的职业习惯需要做到：守时；忠诚；尊重别人；负责；培养积极的心态；遵守规章制度；做好职业定位；职场新人要先从基层做起。

（三）家庭教育指导者的职业规范

家庭教育指导工作者队伍主要由家庭教育指导管理者、家庭教育指导者、家庭教育研究者组成。其中家庭教育指导者可以取得社会认可的职业资格，即"家庭教育指导师"。对于家庭教育指导者而言，具体的职业规范有以下几点。

1. 遵守国家法律法规，响应党和国家政策号召

在家庭教育法制化的道路上，我国第一部家庭教育法

律是清末颁布的《奏定蒙养院章程及家庭教育法章程》。如今，我国有诸如《中华人民共和国义务教育法》《中华人民共和国未成年人保护法》《中华人民共和国预防未成年人犯罪法》《中华人民共和国反家庭暴力法》等。2019年，我国颁布新的《全国家庭教育指导大纲》指出：家庭教育指导是指相关机构和人员为提高家长教育子女能力而提供的专业性支持服务和引导。这些都可作为家庭教育指导者遵守的规范。

2. 尊重儿童成长规律，保护儿童权利

了解并遵守相关儿童权利及其保护的法规文件，熟悉儿童青少年身心发展的特点和成长规律，能够因材施教开发孩子的潜能，帮助孩子实现自我成长。

3. 经过系统的专业学习，能够运用专业知识和科学方法进行指导

经过系统的学习、培训和进修，熟知家庭教育相关专业理论知识，能够用最先进的教育理念唤醒家长的自我察觉，并给予家长正确理念和方向性的专业指导。

4. 善于倾听、沟通合作

尊重是沟通的前提，也是沟通的第一要素。家庭教育指导者在指导过程中最重要的能力是了解家庭状况，倾听家长讲述家庭"故事"，平等、友好地与家长和孩子交流。

5. 勇于学习、探索、研究，实施科学评价和反馈

善于观察、记录和总结现实中的家庭成员成长案例，勤于思考和研究儿童行为问题与环境影响的关系，能够针对孩子个体的特点，进行一对一分析，并提出行之有效的办法，真正为家长解决实际问题。

6. 热爱生活，热爱儿童，关心国家和社会事业发展，有奉献精神

能够从儿童的立场和视角看待问题，关心孩子健康成长和未来的发展，以儿童发展为中心，以儿童优先为原则，热心从事社会公益活动。

三、家庭教育指导者的职业素养

职业素养是指职业内的规范和要求，是在职业过程中表现出来的综合品质，包含职业道德、职业技能、职业行为、职业作风和职业意识等方面。

职业素养是人类在社会活动中需要遵守的行为规范。个体行为的总和构成了自身的职业素养，职业素养是内涵，个体行为是外在表象。所以，职业素养是一个人职业生涯成败的关键因素，也有人称之为"职商"。

（一）职业知识

拥有基本的职业知识，表明家庭教育指导者"能"指导。

主要包括：

（1）儿童成长与阶段发展特点的相关学科和专业知识；

（2）学校制度和学校教育生活相关学科和专业知识；

（3）家庭生活及健康相关学科和专业知识；

（4）家庭教育相关学科和专业知识；

（5）社会制度、法律规范等相关学科和专业知识。

（二）职业能力

拥有基本的职业能力，表明家庭教育指导者"会"指导。

主要包括：

（1）理解、表达和沟通能力；

（2）共情能力；

（3）观察、分析和解决问题的能力；

（4）信息媒介使用能力。

（三）职业精神

拥有基本的职业精神，表明家庭教育指导者"愿"指导。

职业精神，有时也和职业道德、职业伦理、职业品质、职业信念等概念通用，尽管概念内涵有些差别。晏红认为家庭教育指导者的"专业伦理"主要是三点：公益为先、儿童为本、家长主体[1]。这里我们认为家庭教育指导者的职业

---

[1] 晏红.家庭教育指导概论[M].北京：教育科学出版社,2019：213.

家庭文化与家庭教育

精神应大体包含四个方面：(1)为促进家庭和谐和追求美好生活的创新精神；(2)为保护儿童权利，促进其全面健康发展的服务精神；(3)为家长进步，家校社建立学习共同体的合作精神；(4)为助人为乐、促进社会和谐的奉献精神。

阅读下面案例，探讨刘妈妈是如何成长的？刘妈妈的成长中，"我"起到了什么样的作用，体现出什么样的素养，运用了什么样的方法？

▶ 案例3-3

刘妈妈"成长"记[1]

在儿子小学低年级时，刘妈妈较少陪伴孩子，没有帮孩子养成良好的学习习惯。等孩子进入初中后，她看到儿子和其他同龄人的差距越来越大，自己原先打骂的管教方式也渐渐不管用了，十分焦虑。

作为刘宝的老师，凭我对刘宝家庭的了解，刘妈妈的"问题"其实还不少。

首先，刘妈妈和儿子间的关系很紧张。儿子年幼时，刘妈妈因工作的缘故未能一直陪伴在孩子身边，母

---

[1] 查月琴. 刘妈妈"成长"记[N]. 东方教育时报，2021-03-08.

子俩的关系并不亲密。刘妈妈想管儿子，但是儿子并没有从内心接纳妈妈的批评教育，所以经常会出现刘妈妈大呼小叫、情绪失控，但是没有起到任何效果的局面。

其次，刘妈妈没有很好地控制住自己的情绪。她常常用过激的言语训斥孩子，孩子容易产生逆反心理，母子间不能进行有效的沟通。

最后，刘妈妈少了些与儿子"斗智斗勇"的方法。刘妈妈想管儿子，但是劲没有用到刀刃上，她自我感觉用尽了"洪荒之力"，但教育效果只是事倍功半。

发现了刘妈妈的问题后，我"毫不客气"地指出：孩子出现问题的真正原因，是她自己也存在问题。我建议她在工作之余能多看些家庭教育方面的书籍，同时也给她提了三点建议。

第一，请和孩子走近一些。刘宝不听刘妈妈的话，关键在于母子间的亲密关系建立得不够坚实，要改变这个局面，必须从刘妈妈自身做起。我建议她放下咄咄逼人的架势，好好地向刘宝解释当年不能陪伴他成长的原因，表达一下她的遗憾，并能切实地做一些改变，让刘宝感受到她的诚意。比如，饭后一起散步，周末一起逛超市，在重要节日为家人送去一份有意义的礼物。

第二，请控制好自己的情绪，学会好好说话。不要总在外人面前把孩子说得一无是处。孩子发脾气时，家长要做到心平气和，如果双方都很暴躁、冲动，怎么能听得进对方的话呢？

第三，请和孩子一起学习。孩子的成长需要家长的陪伴，既然刘宝的学习出现了问题，那刘妈妈请和他一起学吧！和他一起背古诗、背单词、刷题。你比他强的，你就适当示弱；你不如他的，就虚心请教。他做作业的时候，你在一旁静静地看书；他遇到不认识的生词，你就和他一起查字典，一起"百度"。你得想办法，和他一起进步。

刘宝的点滴进步，我们老师看在眼里，这些离不开刘妈妈的付出。刘妈妈说："想管，方法总归会有的！"我给刘妈妈的三条建议，她已经完成了第一项，她的坦诚也得到了儿子的理解。目前，她正在努力尝试第二项和第三项，控制情绪，陪伴孩子一起学习。

刘妈妈真的很棒，她能听得进老师给她的建议，孩子进步的过程，何尝不是家长成长的过程！

第二节　家庭教育指导的范畴和范例

> 案例 3-4

家长的各种求助

老师，我们孩子现在天天玩手机，作业拖拉不肯做，怎么办啊？可不可以请您辅导一下？

老师，我们孩子很叛逆，说什么都跟我犟。小时候他很听话的，这是不是青春期叛逆啊？现在不肯去读书了，我实在是没办法，叫他来心理咨询，他冲我发火，说自己没心理问题。我怎么办啊？

老师，我们家宝贝上课老不专心，还总是逗同学。学校老师说别的家长很有意见，叫我们看看是不是有多动症。我们去过医院了，医生说等检查结果，下次预约专家门诊要下个月了。老师，我们家宝贝到底是不是多动症？你们这里有多动症咨询吗？

老师，我想预约咨询。我儿子进入高二以后变得越来越懒散，现在读书不肯去，待在家里。医生说是轻度抑郁症。跟他说过考什么学校都可以，只要振作起来，哪怕不考大学也不要紧。但是没用，他只管躲在房间里玩电脑，白天黑夜颠倒。我急死了，又不敢说他，该怎么办啊？他以前一直挺好的，怎么会变成这样？老师，你们有没有上门咨询的？他上次同意去了一趟医院，回来就发脾气，说以后再也不去了，要去你们自己去。

……

诸如此类的家长求助，是不是属于家庭教育指导的工作范畴？是，但也不全是。这些求助，是因为家庭教育出现了问题，家长陷入了困境，向社会寻求专业帮助，我们称之为家庭教育指导的个案咨询服务。个案咨询服务要根据个案情况来决定所采用的方法，很多时候需要跨领域的衔接和整合。家庭教育个案指导需要用到社会工作方法、心理疏导方法，也可能需要转接心理咨询和治疗，甚至可能需要法律的介入，这是一项综合性的专业援助工作。但是，如果你考虑一下，这些求助者的家庭教育为什么陷入困境，在此之前他们是怎么教育孩子的，你就能相信，家庭教育指导还有更丰富的内容和更大的范畴。

一、家庭教育的范畴

身为父母,家庭教育是一项天然的义务、权利和职责。从纵向来看,家庭教育要在孩子不同的年龄段给予孩子所需要的成长支持。学前、小学、初中、高中、大学,这五个阶段家庭教育的侧重点是不一样的。从横向来看,家庭教育至少可以概括为"文化课学习能力""社会和情感能力""职业和生活能力"这三个方面。

(一)家庭教育的纵向范畴

即使在学前阶段,0—3岁与3—6岁也有所不同。前者是早期养育,后者孩子已经进入幼儿园,为未来学习做好个体发展的充分准备,家长需要建立起良好的家园教育衔接。小学阶段是文化课学习的基础阶段,也是学习能力快速提升的基本读写运算能力培育阶段,家庭要在养成教育上支持孩子,帮助孩子学会学习、提高学习的效能感,形成勤奋而不是自卑的个人特质。从初中到高中再到大学,这一路上家庭教育也要跟着孩子年龄的发展、个人面临的主要问题和问题的主要方面实现相应的变化。这些内容,我们统称为符合身心发展的家庭教育实践指导,在本套丛书中的《身心发展与家庭教育》有专门的介绍。

（二）家庭教育的横向范畴

1. 文化课学习能力

这是大部分家长都主动关注、高度关注的领域。但是，关注和帮助是两回事；关注的角度也会有所不同，帮助的能力更加有差异。甚至有不少家长因为过分偏重这个方向，同时方法又不得当，结果导致事与愿违，孩子出现了学习意愿和学习效能的下降。今天，在互联网科技越来越发达的新经济时代，家庭教育更加需要对学习进行有效管理。家庭教育指导如何帮助家长提高学习管理能力，在本套丛书中的《学习管理与家庭教育》有专门的介绍。

2. 社会和情感能力

经济合作与发展组织的 PISA 测试，是对各国中学生学习质量的比较研究项目，它反映的是认知能力。现在发现还必须重视另一项重要的能力——社会和情感能力，并且开始尝试社会与情感能力测试，简称 SSES，主要包括"责任表现、人际交往、情绪控制、协同能力、思想开放"五个方面。我们平时一直在强调的思想道德教育，其实也包含在社会和情感能力建设中。那么，社会和情感能力是从什么时候开始形成的呢？从孩子一出生就开始了。这种能力来自爱的传承，来自呵护而不是训练，来自真爱而不是溺爱，来自自然而不是雕琢，来自幸福而不是痛苦，来自内在而不是外力，来自自律而不是他律。人类是大自然的杰作，爱是我们的核心能力，但是就像阴阳互为表里一样，爱和爱的反面总是相伴相随——你知道爱的反义词是什么吗？这个思考中就包含着中国哲学。这种能力是在家庭人际互动中逐渐形成的，与家庭关系的情状密不可分。在本套丛书中的《家庭关系与家庭教育》中你能找到相关答案，得到相关启发。

3. 职业和生活能力

看起来职业能力应该来自专门化的职业教育，生活能力与职业能力不是相提并论的事情。但如果你仔细想想你自己的生涯发展，我们相信你一定能明白职业和生活能力不仅可以相提并论，而且紧密关联；家庭教育不能对此不管不顾。我们确实可以看到身边有一些人，除了考试，别的什么也不会做，到头来不仅社会能力缺乏，个人生活料理能力也严重缺乏，因而影响了个人的生涯发展，以至于价值感丧失。

大家都明白"一屋不扫，何以扫天下"的道理，在家庭教育中让孩子从扫一屋到扫天下，是需要为人父母者用心去成就，从现实出发脚踏实地去走向未来的。职业和生活能力，从孩子还是一个懵懂少年参与家务劳动开始，到青春期、成年早期，孩子在父母的支持下，在参与社会活动、拓展社会视野的过程中逐渐建构起来。在丛书中的《家庭关系与家庭教育》《社会发展与家庭教育》均有相关介绍。

二、家庭教育指导的工作范畴

家庭教育指导，是一项具有相当专业要求的专门化服务。与家庭教育的范畴相对应，家庭教育指导的工作范畴，首先是对家庭教育科学知识的传授，帮助家长在教育孩子的过程中知道什么是对的，什么是不对的。我们把这个层面叫作家庭教育的科普宣教。这种科普宣教的途径很丰富，最常见也是最适用的途径是中小学、幼儿园的家长学校，通过学校统一组织的教育场景和方法，帮助家长在家庭教育方面"知其然，予其标杆"。妇联、共青团、工会、社区、社会服务等多元化的渠道都可以推进家庭教育的指导工作。通过大范围最大可能性覆盖的家庭教育科普宣教，让家长们至少知道哪些基本原则不能违反，哪些基本要求可以参照。

第二个层面是针对性专门培训。在有需要的家长群体内实施重在"知其所以然，助其成长"的体系化赋能培训，帮助家长实现自我成长，提高家庭教育能力。通过对有比较强烈需求的家长提供富有针对性的培训，改善他们家庭教育的方式方法，提高他们进行自我调整的能力，并且促进他们成为宣扬科学家庭教育的宣传队、播种机。

第三个层面是个案咨询。并不是"知其然"和"知其所以然"就一定可以解决家庭教育中的问题的。有些家长知道了什么是对的、什么是错的，但是他无力去改变孩子的状态，需要获得专业工作者的帮助才能够跨出勇敢的一步。个案咨询是一个"知其未然，促其改变"的过程，要求专业工作者提供专业服务，帮助有咨询需求的家长和他们的孩子走出家庭教育的困境，改变现状，实现突破。

三、家庭教育指导的个案咨询

个案咨询是家庭教育指导工作皇冠上的明珠，是一项综合运用各项基本能力和发挥家庭教育指导师个人隐性能力的高挑战性服务。本套丛书不同分册的内容，都是在个案咨询活动中可以发挥效用的知识工具和方法技巧。这里，我们用一个比较完整的具有普遍代表性的案例来帮助你了解家庭教育的个案咨询。

> ▶ 案例3-5
>
> 【基本信息】
>
> 　　个案来源：上海松江区旭日社会工作发展中心
>
> 　　案主意见：同意在隐去和更改个人真实身份信息

后公开案情

案主家庭：山东来沪新上海人家庭。父亲为私营企业主，母亲原本在企业做行政管理，目前是全职妈妈；共有三个孩子，大女儿晓慧，二女儿晓玲，儿子晓峰；家中还有孩子们的爷爷奶奶共7个人。家庭条件比较好，居住在早些年从当地农村拆迁户手中购买的农村集镇别墅。

【求助诉求】

首次求助：2020年6月，妈妈寻求帮助，为二女儿晓玲的事特别焦虑和无奈。孩子四年级，主要问题表现在上课注意力不集中，课堂作业拖拉，家庭作业也是拖着完成不了。妈妈感觉女儿的情况越来越严重，已经影响到衣食住行，不好好吃饭、个人卫生也特别差，并且做事没条理，对家长说的话不听或当作没听见、对弟弟说话特别针对性地"怼"。晓玲小时候是个很机灵、活泼可爱的孩子，现在变得说话带刺，行为"叛逆"。

二次求助：2020年9月，妈妈感觉晓玲有点害怕去学校、害怕做作业。晓玲放学回家状态不怎么好，说是不舒服，中午饭也没吃，晚上还总是说作业多。妈妈认为作业其实并不算多，孩子作业做到超过10点，一回家就开始做了(除了吃饭,其他时间都在做作业或一会儿出来查题目一会儿喝水上厕所)。

现在做到9点多,就说太困了想睡5分钟后再做,妈妈看女儿状态确实很累的样子,就让她干脆别做了,早点睡。第二天是6点多叫女儿起床的,做了一个多小时仅完成一道数学练习。晓玲哭了,反复说她不会做不懂。妈妈问她哪个地方不会,晓玲自己又说不清楚。

晓玲安静下来后告诉妈妈说数学题个别不会,问同学,同学又不告诉她怎么做,要么就直接给答案。妈妈说课堂作业不会做可以问老师,女儿说老师让她问同学;同学有时只教一遍,有时只给答案却不教,而且又会因为没有准时交作业而被要求多做一张卷子。晓玲告诉妈妈自己本来就做得慢,又有不会做的题目,加做卷子还是不会,到时更不能在老师规定的时间内完成。

晓玲多次提到数学老师说她的字难看而被示众,同学们都笑话她。昨天语文老师说她作业没做好,也把她的作业读给全班同学听……妈妈跟晓玲说:"老师这样做,是认为在老师心里你可以做得更好。"这样的解释似乎对孩子没有效果,妈妈感觉晓玲特别在乎老师当着全班的面批评她这件事。今天晓玲又说不舒服,想在家里上"空中课堂",不想去学校……妈妈觉得女儿好像在逃避做作业,怕被处罚。

妈妈认为,晓玲在家做作业确实也做得不好,写得慢、字又丑,注意力不集中。妈妈感到很无奈,不知道该怎么开导女儿才比较合适,担心影响晓玲后续的学习,也不知道怎么跟老师沟通会对晓玲有帮助。所以,妈妈前来寻求家庭教育指导师的帮助。

【咨询过程】

1. 首次咨询的对象

妈妈单独前来面询,女儿没有来。

2. 首次咨询呈现出的信息

家庭基本结构如前所述。在孩子的教育问题上爸爸是一个相当"佛系"的人,基本不提要求,妈妈是一个相当焦虑的人,基本什么都有要求——虽然有要求,但基本不能提供有效的帮助。妈妈先前对姐姐晓慧的学习关心得更多一点,姐姐五年级,学习方面比较缓慢,没有妹妹晓玲灵活。总体上妹妹更机灵一点。现在姐姐尽管学习成绩还是一般,但是行为一直比较正常。读四年级的妹妹的问题越来越明显:自从上四年级以后,尤其是在新冠肺炎疫情期间,学科成绩一直在下降;学习行为越来越被动、磨蹭,还老是发脾气。

首次咨询还发现,妈妈的家庭教育行为比较刻板和粗线条。妈妈要应对三个孩子,已经忙得团团转,处于高度紧张中的妈妈对女儿的学习管理仅仅处于"我提要求,你自己去做到"的层面。

3. 首次咨询的建议

首先,帮助妈妈理解学校教育和未来学习的真相,把妈妈从"孩子读不好书就没有未来"的担忧中解放出来;紧张焦虑的妈妈只会增加孩子的自我不满和否定,对孩子的健康成长没有任何好处。妈妈先要学会放下、放轻松。

其次,妈妈降低对女儿的要求,不要再催促她的作业进度和关注考试成绩。多关心女儿的日常生活,假设女儿就是一个不善于文化课学习,将来就是凭着手工劳动的人,是否现在应该是她最幸福的时光?因为还有你这个妈妈陪伴。妈妈将注意焦点从两个女儿的学习转移到家庭日常生活质量上。在女儿需要帮助的时候,提供帮助;把学习检查和学习质量的问题,交还给女儿和老师,就让女儿跟着老师的节奏学习,做错了做慢了拖延了,老师自然会在学校给予批评教育和纠正。同时,妈妈要学习家庭教育的科学道理，提高对家庭教育和女儿内心需求的理解，明白家庭教育不仅限于文化课学习教育这个道理。

第三，妈妈要改变以往的家庭生活习惯。妈妈重视大女儿的学习（因为妈妈认为大女儿更需要帮助），同时最小的儿子一直占用妈妈的时间，自然而然变成妈妈对三个孩子的两头投入了更多关注，老二晓玲有一种被忽视的微妙感觉。在三个孩子中晓玲最找不到被关注感。现在，她变得让人揪心了，妈妈不得不关注她。建议妈妈不要忽视二女儿也有姐姐，还有弟弟这个身份。她是最能够看到其他人的一个孩子，授权给二女儿做家庭琐事，尤其是三个孩子间的机会分配权，相信她一定能做好。并且二女儿可以管束弟弟，姐姐可以是二女儿的帮手。对于家庭中出现的由于爷爷重男轻女思想导致的不公平现象，妈妈要敢于纠正，为了孩子们的健康发展，即使得罪老人也要站出来，越是退缩隐忍越是对孩子们不利。

以上三点，是包括家庭教育在内的家庭生活的改变，最受到挑战的是妈妈，妈妈要有意识地营造和促进家庭新生活。尝试一段时间，在尝试过程中有什么新问题和困惑再来预约咨询。

4. 第二次面谈对象

妈妈和二女儿晓玲一起来。

5. 第二次咨询面谈的背景

第二次面谈是在妈妈上一次面谈之后，已经逐渐改变了一些家庭生活行为。

6. 第二次咨询呈现出的信息

四年级下半学期，晓玲的成绩开始下滑，经过疫情期间和暑假，现在升入五年级的晓玲的学科成绩已经垫底，数学和英语都不及格，语文分数也不高。作业总是拖拉，不能好好完成，出现厌学和逃学念头，老师尤其是数学老师，三天两头告诉家长孩子又没有完成学习任务，希望家长给予重视，采取措施。妈妈实在吃不消，希望再来咨询一次，找一找孩子到底存在什么问题。经过第二次咨询面谈，包括和晓玲的直接交流，呈现出以下一些重要信息。

（1）晓玲无法承受高强度学习。在学校里新的数学老师令晓玲心生恐惧——晓玲做作业确实比较慢，学校有课堂作业，但是课堂上留给学生做作业的时间被严重挤占。学生必须抓紧时间在课间十分钟做作业，晓玲不敢上厕所，但还是来不及完成。因为来不及完成，老师会给晓玲一张"惩罚卷",可以带回家做,第二天交给老师。所以,晓玲整天一直被数学卷子困扰,每天都是精疲力尽。晓玲自己在面谈时说:"我不是故意的,老师总批评我不够努力,偷懒。我真的不是偷懒,我真的来不及。有时候在家里做作业,做着做着我就不知道自己在做什么了。"

(2) 晓玲没有玩伴,也没有玩或者休息的时间。在班级里,同学们不愿意跟她做朋友。从晓玲的场景化描述中,我们能感觉到"老师鼓励先进批评落后"促成了落后的晓玲是一个拖班级后腿的人,不受欢迎仿佛在情理之中——其实大部分孩子都不那么受同学欢迎,因为几乎很少有学生有那么多时间去欢迎别人进入自己的生活空间,大家都很忙——恰好晓玲是一个敏感的学生。

(3) 晓玲自身存在"软肋"。第一,晓玲的学力不够。她的学习方法陈旧,一直在拼命应付,但其实应付不过来;第二,她的专注力比较弱。一方面可能与注意能力有关,另一方面也可能与身心疲劳有关;第三,她的自我感觉混沌迷茫。在家里,她的存在感不如姐姐和弟弟,她找不到被重视感。在学校里,她总是处于被批评的位置上,她害怕自己真的成为一个"他们"眼里嘴中的无能的落后分子;第四,她总觉得没有人看好她会有好的未来,自己仿佛多余。

(4)妈妈没有站对位置做对事。自从上一次咨询面谈后,妈妈还没有真正完成转型,只是在认知上有了一些新的看法和见识,在行动上迟疑,怕自己做错了更不好。处于犹豫紧张状态的妈妈帮不上晓玲。

7. 第二次咨询的建议

(1)妈妈要鼓起勇气加强与学校老师,主要是数学老师的沟通,帮助晓玲从师生关系的恐惧中摆脱出来。

对此项建议,妈妈的行动是:妈妈从上一次咨询到现在,一直在积极学习,参加了我们组织的"心理疏导与家庭成长"研习营,收看与心理学和家庭教育有关的直播课程,听书(这是应对看书受时间限制的好方法)。妈妈正在领会和理解科学道理,现在她愿意大胆去跟老师沟通。妈妈真的跟老师沟通了,希望老师看到晓玲速度慢、脑子跟不上的现实情况,放低要求,不要再布置"惩罚卷"。老师表示既然孩子有这方面问题,那就不对她提什么要求了。老师不再催问晓玲的作业,交或者不交作业,由晓玲自己决定。

(2)妈妈要在家庭中有意识地关注晓玲,并且授权给她掌握家庭公平的机会。姐弟之间由孩子们自己去把握公平，不用担心弟弟闹情绪，即使闹情绪，也交给两个姐姐处置。也许今天被爷爷宠着的这个孩子将来别人的话不听，但只要姐姐的话是听的，也是一件好事。

对此项建议，妈妈逐渐行动到位。举例：鸭子只有一个鸭舌，孩子们都喜欢吃，于是妈妈让晓玲来分。晓玲的决策是每次谁吃轮着来，从大到小，她来记录。因为爷爷要吃鸭头，但爷爷会"作弊"，吃鸭头时会把鸭舌扯下来，放到弟弟的碗里。妈妈便把鸭舌从弟弟的碗里拿回来放到大碗里，跟爷爷说您不吃就放到大碗里。最后，还是在晓玲的主持下三个孩子轮着吃，轮到谁就谁吃，除非爷爷自己要吃。

（3）针对晓玲觉得自己专注力不够的问题，可以去专业机构进行测试，接受一些专门训练。

对此项建议，妈妈当即行动，到相关机构做了先天遗传能力倾向的测试，并且接受建议，让晓玲参与一项阶段性的专注力训练。为此，晓玲还放弃了双休日的补课班。现在，补课时间变成了训练和运动时间。

（4）和老师沟通后，要注意自己把握学习节奏。在完成作业方面，让晓玲自己做总结，汇报需要得到哪些帮助。

对此项建议,妈妈后来多方打听晚托班,最终征询了晓玲自己的意见,尝试之后选定了一家比较专业的晚托服务机构。晓玲放学后便去那里做作业,以提高作业质量。

8. 个案咨询效果

从 2020 年 9 月中旬到 2021 年 1 月中旬,整整一个学期,晓玲妈妈根据咨询建议采取了相应措施。晓玲的学习效率和自我满意度都在发生变化,经过半年时间,晓玲的自我感就不一样了。一直到期末考试,晓玲的数学老师都没有催问过晓玲的作业,晓玲的数学成绩却在每一次日常练习卷中有所提高。同时,晓玲开始变得与妈妈亲近,话也多了起来,一个自信的晓玲正在浮现。2020 年 11 月,期中考试之后,晓玲悄悄给妈妈写了一封信,说:

"亲爱的妈妈,谢谢您相信我,我这个学期学习有进步了,这次我数学考了 93 分。我很开心,我会继续努力的……"

2021 年 1 月下旬,妈妈通过微信表达了感谢:

"老师,感谢您之前的指导,孩子这学期生活上和学习上的态度都好了很多,人变得更开朗了,学习也有了明显的进步,这次期末考试数学和语文都是 AAA,英语稍微差一点,但也有进步。不知道是训练的效果,还是晚托班的效果,或者是在家里给她相应的权力让她放松,我想应该是综合的效果吧。我曾想着要学习怎么疏导孩子,其实真正要疏导的是我自己。我的方法用好了,孩子自然一切都会越来越好。"

【对个案的反思总结】

这个家庭教育咨询个案值得深入反思总结,答案基本全部体现在了妈妈给指导师的感谢微信中。与其说是在表达感谢,不如说这是妈妈自己成长的体现。至少说明了以下几点:

第一,家庭教育不是关于家长教孩子什么本领的问题,而是关于家长创造了怎样一种家庭生活的问题。案主原本也很认真地在做家庭教育(其实可以叫作家庭监督),但孩子的情况越来越差。当孩子情况越来越差的时候,妈妈开始手足无措。

第二,家长的自我成长很重要。其实从妈妈首次来咨询到写微信表达感谢,半年的时间里妈妈学会了很多、改变了很多。很多家长不是不想孩子优秀,而是不知道优秀是怎样的。案例中晓玲的妈妈通过一系列学习和面询疏导,自身发生了很大的变化。妈妈在学习过程中,逐步变成为一个不焦虑、不紧张、不害怕、不气馁的妈妈。

第三,有效的家校沟通很重要。显然,案例中的数学老师在处理晓玲的课堂作业问题和学习行为规范问题方面是存在错误行为的。所谓家校教育融合,就是要化解家校教育融合中的不平衡、不对称现象。妈妈直接找数学老师谈一谈是一个很重要的关键步骤。

第四,寻找家庭成长的方向很重要。解决家庭教育问题,要在家庭大环境中寻找造成孩子已然如此的原委和未来可以努力的方向。案例中的妈妈显然是做对了。

第五,多元化、全方位地看待和理解孩子很重要。案例中晓玲给妈妈写的感谢信,是发自内心的。这是对妈妈自我改善的高度肯定。自我改善也是这个案例顺利实施和收到成效的转折点。

这个比较完整的家庭教育个案咨询,运用的现场工作手法主要是非治疗性心理疏导技术;工作的最大挑战不是告诉妈妈她应该要明白的道理,而是鼓励妈妈在看见了发生在自己和孩子身上的真相之后,勇敢地采取积极的措施,作出行为调整。值得庆幸的是她成功了,而且和女儿一起变得自信了。

2021年2月6日,晓玲妈妈欣然接受邀请,一起回顾了咨询和自我调整的历程,并同意公布本案例,以帮助更多妈妈获得成长。

第三节　家庭教育指导的工作要素

任何一项工作的要素,不外乎工作的主体、工作的对象、工作的环境、工作的目标和工作的方法,以下我们从这五个要素来讨论如何才能做好家庭教育指导工作。

一、家庭教育指导的主体

教育正受到全社会前所未有的重视和讨论,这并不是因为我们做得足够好,而是因为我们做得还不够好。教育心理学是每一位拥有教师资格证书的老师必修的课程,但并非每一位父母都知道教育相关的知识体系;即便拥有了这个知识体系,也未必能获得良好的培育下一代的能力和成效。在校园和家庭里,每天都在上演教育困惑的故事。

市面上铺天盖地的"家庭教育"方法"大全",依然没有给太多家庭带来成功的"家庭教育"。大量学校和家庭教育困惑的案例告诉我们:学校和家庭可能都过高地估计了对方的教育能力,这种误解使得双方都"推卸"或"疏忽"了部分教育责任。社会需要能为家庭和学校都带来福祉的家庭教育指导师。

(一)家庭教育指导师的人力资源

谁有可能成为家庭教育指导师,他们需要具备怎样的能力?

在职教师或者教育工作研究者首先有可能成为家庭教育指导师。其中一部分人已经在迎合市场需求,实施家庭教育指导服务。他们有比较丰富的学校教育工作经验和一定的理论研究深度,他们对于学生的学业发展和教育要求都相当熟悉,他们对于涉及学生家庭背景的信息有一定的处理能力。

心理咨询工作者和相关社会工作者也有可能成为家庭教育指导师。心理咨询工作人员在实际工作中,经常遇到的个案是"家庭教育"问题,他们正探索用家庭治疗的方式,帮助来访者解决"家庭教育困境"。在家庭治疗过程中,谈话式疗法和心理疏导技术大有用武之地。学校和家庭社会工作者,自然也会涉及"家庭教育困境",他们的工作路径和

家庭文化与家庭教育

心理咨询师有所区别,普遍较缺乏基于心理学的个案工作技术,需要借助心理疏导技术来提升自身服务能力。

在城市街道,社区管理和社区教育工作者正逐渐显示出具有"家庭教育指导师"的角色职能。他们直接和社区的各个家庭接触,同时社区又是学生业余时间,尤其是寒暑假的主要活动场所。社区家庭教育指导服务,完全可以并且应当成为社区功能之一。

无论是教师、心理工作者、街道社区工作人员,或者是来自任何其他领域的人士,要成为一名家庭教育指导师,首先他自身应该是一名成功的家庭教育实践者。一名自身家庭教育失败的人,是没有信心,没有能力,甚至可能没有资格为别人提供指导服务的。

(二)家庭教育指导师的能力建设

作为家庭教育指导师,首先应该是教育领域的行家里手。他们对于当前教育体制、教育政策、教育方法、教育管理等教育领域的基本要素,不说相当熟悉,至少是准确理解的。这是成为一名家庭教育指导师的基本条件和能力基础。从本章第二节介绍的家庭教育指导范例中可以看出,案例3-5中咨询老师对学校教育的普遍现象和现实情况相当了解,他提出晓玲妈妈要主动和老师沟通,说出自己的想法和要求的指导是有针对性并且切实有效的。

家庭教育指导师应当具备良好的授课能力，包括语言表达能力、辅助教学技术运用能力和根据对象群体的实际设计课件的能力。比如：同样是幼儿园阶段孩子的家园教育融合问题，所包含的科学知识是一样的，不可能因为分别向90后家长讲课和向孩子们的爷爷奶奶讲课而科学性发生了变化，同样的科学育儿知识，怎么做到向不同的人有效传播，这就涉及能力问题。

家庭教育指导师应具备对家庭教育实施者的感知能力。比如祖辈教育。同样的爷爷奶奶，今天中学生的爷爷奶奶与学龄前幼儿的爷爷奶奶是两代人，二者的思想观念和总体知识结构可能差异很大，把祖辈理解成无趣的、刻板的、与时代脱节的人群，这种观点本身也已经是刻板的。今天，孩子们的爷爷奶奶是人群差异性最丰富的一代人，也是改革开放以来经历最丰富、学识能力层次最丰富的一代人。家庭教育指导师如果缺乏这种敏感性，凭着刻板的、概念化的认知去服务这一代人，可能会遭遇挫败感，而且这是不负责任的行为。

家庭教育指导者必须具备个案服务能力。个案咨询服务是一项具有高度挑战性的工作，指导师只有具备了这个能力并且有实践经历，他的知识和见解才是活的、有生命力的、能落地入心的、可以帮到别人的。否则，他自己也会忐忍,说出去的话缺乏自信,永远只能照搬照抄别人讲过的、理论上的、概念上的道理,家长理解和消化起来比较困难,派上用场也可能困难。在案例3-5中,咨询老师对于晓玲在家庭中如何在妈妈的帮助下获得新的体验,找回自我感,找到自主性,这一段咨询并没有向妈妈宣讲心理学的道理,却运用了心理学的知识——关于多个孩子的家庭的心理学研究成果。显然,咨询师是心理疏导方面的行家里手。

二、家庭教育指导的对象

正确看待和理解工作对象,是做好工作的前提。家庭教育指导的工作对象当然是家庭教育的实施者,而且基于生活实际,工作对象是家庭教育的主要实施者。在家庭内部,影响家庭教育的人员和因素是多元整合的,但我们的工作对象不大可能是家庭全部成员。那个来听你讲课的人是你的工作对象,那个来向你求助的人是你的工作对象,那个来参加你的沙龙活动或者小组咨询活动的人就是你的工作对象。

但是,我们必须要意识到家庭教育指导服务的主要工作对象并不是家庭教育指导工作的主要受益对象。家庭教育指导工作的主要受益对象(也叫目标对象)是孩子,促进孩子的健康良好发展、解决孩子的成长困惑、帮助孩子从不恰当家庭教育的困境中走出来才是我们的目的。要实现这个目的，我们无法绕开造成孩子已然如此的当下状态的父母和家庭。家庭是一个结构，孩子们在这个结构中成长。家庭教育指导师一定要把孩子们放到他们身处其中的家庭结构中去理解，尤其是当你提供个案咨询服务的时候，才能够找到帮助他们的杠杆支点，我们称之为杠杆解。

案例3-6

女生小樱

六年级女生小樱学习成绩不好，处于年级排名末尾。老师觉得小樱的行为怪异，作为女孩子，却经常与人争执，甚至表现出一副吊儿郎当的学习态度，曾经没有任何原因地躲进厕所不肯进教室上课，还出现过撒谎说自己肚子疼，不肯进教室上课的现象。所以，老师建议家长带孩子接受心理疏导。

疏导中发现，小樱不进教室却躲厕所，只是由于害怕同学向老师告状说她替人做劳技课缝制作业。曾经出现在教室里肚子疼痛，这只是心理压力和情绪压抑引发的局部肢体疼痛表现。小樱本人对自己的学业成绩并不在意，却深爱日本动漫并深受其影响，对学习日本语言很有兴趣。

> 小樱在学校生活中经常受学生贬抑或欺负,也包括老师不经意的漠视。贬抑排挤落后分子——这在人群中是普遍发生的现象,小樱对此没有认知,并且以她的善良之心在权衡同学和老师的言行,认为这是不能接受的不良现象。因此,她经常性有情绪发泄的冲动而想跟当事人打架,但知道这不被允许而压制下来。
>
> 小樱终日被这些生活遭遇包围着,根本没有精力投入学习——由于缺乏学业基础,对她来说,投入情感纠葛比起投入学科学习要容易得多。

学校老师认为小樱是缺乏必要的家庭教育,她的不良习气来自家庭,是因为父母亲的疏于管教而导致这个女孩心思浮躁。小樱的母亲认为自己的孩子缺少学习自觉性,又生性好玩,所以在学校里总是不能守规矩;虽然一直告诉她要在学校里好好读书,但是再说也没有作用。

心理疏导师这样描述对小樱的印象:

慧根孱弱尚未破土开叶,心地纯真不堪功利灌溉;

欠蒙正懵懂不辨真与假,细针缝心事难当大枪使。

很显然,在心理疏导师看来,小樱的心智发育还比较稚嫩,她根本经受不起教育中功利化的折腾;她的基本读写认知能力和自我的发展,还不足以应对同年级学业水平的挑战,她只能做到刚好完成,而不能做到应对自如。"细针缝心事难当大枪使"是对小樱的生动写照:她更适合在自我的小天地里感受和表达生命情感,尚不能应对学校教育的升学和学业成绩排名,她的小小绣花针无法拿到战场上去当大枪使。老师和家长都以小樱的"不认真"和"生性好玩",掩盖了她"懵懂尚未开化"的真相。小樱的天资没有问题,只是从小家庭环境让她起步晚了,对通过阅读和学习打开精神世界的涉猎少于她的同龄人。这与她的父母亲是老老实实勤勤恳恳的普通产业工人,而小樱一直由文盲爷爷奶奶照料成长有关系。这一对老老实实勤勤恳恳的普通产业工人父母从互联网和道听途说中了解到,现代学校教育太应试化,应该让孩子生活得自由、没有压力,而且他们真这么做了,不仅没有让孩子参加任何兴趣班,而且连从小"听故事""学看书"都省略了。反而小樱对奶奶的"灶间文化"和农村老家的"田头文化",倒是相当熟悉。

现在,小樱无法跟上学校教育的脚步,对此父母亲误判为女儿不认真,生性好玩。家庭教育指导师如果也看不到真相,就无法提供适合实际的指导意见,就有可能做出错误的指导。我们的指导对象是家庭教育的实施者,而且是主要的实施者;受益对象主要是家庭教育的接受者;而且家庭中家庭教育的实施者和接受者之间存在错综复杂紧密关联的内部关系,二者相互影响。这就意味着,我们需要在他们的连接处施加影响。这正是家庭教育指导工作的挑战性。

三、家庭教育指导的环境

任何一项工作都要重视并且放在它的宏观环境和微观环境中去开展。家庭教育指导的宏观环境除了前述中国家庭文化环境和政策法规环境,还必须要重视地域性社会环境。家庭教育指导的微观环境主要是指指导对象的家庭环境。

(一)理解家庭教育的地域性社会环境

在我们的教育大环境下,不同地区有地域性的教育背景特征,家庭教育指导师对此要有充分的理解和把握,这有助于为指导对象提供适切性的指导意见。

> **案例 3-7**
>
> 一篇咨询笔记
>
> 一位初二年级男孩的妈妈来找我咨询,她的诉求是"孩子根本不想要读书,怎么办?"
>
> 我问她:"你这个'怎么办'是指什么意思,谁怎么办,要办谁?"
>
> 她说:"我啊,我儿子啊,怎么办?"

"你要办啥?"

"办啥?让我儿子认真读书。他现在什么都听不进去,跟他怎么说都没用,犟得要死,根本就不想读书,怎么办呀?英语、数学都不及格,叫他去补课,他又不肯去,说那是浪费钱。他其实蛮聪明的,除了成绩不好,别的都蛮好的,动手能力也很强,读小学时就会自己修自行车。现在这个样子,怎么办呀?"

"你想叫儿子去哪里补课?"

"去'××一对一'呀,人家都去的,他就是不肯去。"

"嗯,他没说错,对他来说,去那里补课可能确实是浪费钱。"

"可是,现在大家都去补课呀,而且很贵的。我一个朋友去'××一对一'补课,四个学期20万元。现在大家都这样的。"

"你怎么知道大家都这样呢?就说你那朋友吧,花了20万元,孩子怎么样?学习变得很好了吗?"

"好像……也没有。"

"那么,第一,你想要找到办法让儿子不再抗拒你,愿意听你的话;第二,你想要让儿子变得愿意认真读书;第三,你想要儿子创造优良成绩,明年初三有个好结果;

第四,你想要儿子去补课;第五,你想要帮儿子找到方法,提高学习自信。你认为你要的到底是哪一个?"

"都要!"

"都要?那就先说第一个吧,你觉得你儿子什么时候开始不愿意听你话的?"

"哎呀,好像他从小就不大听话,脾气很倔。"

"孩子小时候不是你自己带大的吧?"

"对——对——那个时候我自己年轻,要追求事业,所以……确实不是我带的。"

"孩子读书要靠本事的,他们的读书能力有高有低,比如记忆能力就差异很大。心理学研究发现记忆能力主要来自遗传,还有一部分来自后天养育,尤其是0—3岁的养育方式,会对孩子的智力发育产生重要影响。我经常跟家长们说——你可能要向孩子打招呼的——不好意思,宝贝,是妈妈把'记性不好'遗传给了你,小时候又没有办法让你记忆力变强。所以,你现在读书会这么辛苦。你跟儿子打过招呼了吗?"

这位妈妈换了一种不明白的笑容,冲我摇头:"嗯……这个……哎哟……真的没有想到。可是,他现在这个样子,以后怎么办?"

（我真想跟她说，先回去打招呼，过两个星期再来。）

"对呀，按照你对儿子目前学习情况的了解，你想让他以后去哪里呢？明年就初三了，这是必须要考虑的问题。"

"我也不知道，他这样子哪里也去不了，所以我着急呀。可是他根本就不听，真是没办法。"

"你是说，你不知道儿子初三毕业后应该去哪里吗？"

"对，去哪里啊？他考不进的。"

"我认为，根据他的文化课学习成绩和学习能力，以及他动手能力强的特征，他应该去××职业学校（本地一所示范性中等职业技术学校），他可以学一门真正有用的技术，未来会有比较好的发展。"

"那所学校一点也不好的，去那里，行吗？"

"谁说那所学校一点也不好？啥意思？那里学生一毕业就被企业招录去上班了，就业率那么高。好多本科生找工作都焦头烂额，他们这些掌握了一定职业技能的职校生倒是不愁就业。哪里不好呢？怎么能说一点也不好呢？"

"他们老师这么说的，他们班主任跟学生说'谁以后进了那所学校，将来就不要叫我老师'。真的，我儿子跟我说的。"

这下子她把我震住了。我相信她儿子的那位班主任真的会这样说。我理解那位班主任的用意是想以这种"威胁"来促使她的学生努力读书,她在试图"搞定"她的学生。可是这位班主任的方法也实在是太不专业了,而且有可能她内心确实也对那所职业学校不认可,或者对职业教育缺乏正确认知。

显然,由于缺少认知或者多了一些错误认知,这位妈妈对于孩子未来的发展确实迷茫。她自己没有方向可以提供给儿子做参照,却要儿子努力学习,还要加入补课大军,儿子做不到或者不愿意做,她就恼火。现在,首先要发现和解决的是她的认知问题。于是,咨询不得不插入一段关于"职业教育"知识的普及工作。

一番关于上海本地区职业教育的科普知识宣讲之后,这位妈妈开始觉得生活还有另一个层面,儿子应该还有另一种发展可能性。

妈妈问:"×老师,那你看我儿子现在的成绩,能不能进入'××职业学校'?"

"根据以往的情况,我认为可以。不过,这个预测并不重要。重要的是你回去跟儿子讨论要去哪里,邀请他一起上网查找上海有哪些职业技术学校,各有什么特点,他喜欢哪个专业领域……找到了,就奔着那个目标去。或许他就有动力了。"

"没用的,他不会努力的。"

"你没试,怎么知道他不会愿意?"

"以前我也一直说,他根本就不听。"

"以前你自己并不知道儿子的方向在哪里,你跟他说好好读书,当然没用;现在你要做的不是教导他好好读书,而是邀请他一起寻找和确认一个方向。你还没做,就说儿子不行,那他行也变成不行了。所以,你看,你儿子不是不听话,而是不听你的话,别人的话他未必不听,这只能说明你没有讲出他要听的话;你儿子跟你犟,不是说他天生就犟,他跟别人可能不犟;你儿子也未必是不想读书,他只是不想按照你要求的样子去读书;他也未必真的偷懒、不肯努力,他可能是真的不知道该往哪里努力。所有这些,都需要你转变方式、方法和态度,才有可能找到答案的。"

"对,看来我是要改变一些。"

"你要改变哪些呢?"

咨询必须进入第二个环节——关于这位妈妈自己的。几乎所有的问题孩子背后,都有家长问题的存在。

> 有一段时间,社会上流行一句话——"没有教不会的学生,只有不会教的老师"。这只是一句不现实的口号,生活教育我们,"没有养不好的孩子,只有不会养的父母"才是现实。

在这个家庭教育咨询个案中,指导老师很快发现家长对教育环境背景存在片面认知,这是导致她对孩子采取不合适的家庭教育行为的内部原因,所以,需要给予纠正。只有妈妈的认知正确了,才有可能找到有助于孩子重新看见希望、树立信心的路径和方法。

(二)理解家庭教育的家庭微观环境

还是以上述案例3-7为例,这位妈妈不仅对教育环境有片面的认知,在后续的第二次咨询中,进一步发现他们的家庭微观环境也是造成孩子止步不前的重要因素。

这位妈妈从年轻时候起,就一直很努力,也很好学,还很好强。她在日资企业工作,自学日语,目前还经常去上海外国语大学的图书馆自习。她的第一学历是技术学校(以前所谓的技校生)。同时,她也是一个家庭强势者,丈夫是经常挨批的对象。现在三口之家里,一个是好学强势、天天批评两个男人的妈妈,一个是倔强、不肯努力读书的儿子,一个是低成就动机的爸爸。不言而喻,大部分有生活经验的人都能估测出他们家会有怎样一种日常生活的场景。这个场景中蕴含着一股能量，这股能量对孩子的生长起了怎样的作用。这些相关知识，会在本套丛书中的《家庭关系与家庭教育》进行更多介绍。

家庭教育指导工作者对家庭微观环境一定要给予重视，并且有能力去观察和反映出生命情感的真相。只有把孩子和父母都放在他们的家庭结构关系中去加以理解，而不是仅仅作为一个单独的生命个体去看待，我们才会更接近真相。

四、家庭教育指导的目标

做了多少场培训，上了几堂课，开展了几次活动，这些只是工作量目标，并不是家庭教育指导的目标。家庭教育指导的目标，是教育目标，是指向受益者的教育收获的目标。

家庭教育指导工作在不同的工作层面，有不一样的工作目标。普适性的家庭教育科普宣讲，主要目标是提高家长群体的科学家庭教育意识和认知；小范围针对性的系列家庭教育培训活动，主要是提高对象的整体家庭建设能力和家庭教育周边辐射影响能力；家庭教育指导的个案服务主要是调整对象的家庭教育行为，帮助其转型发展。无论哪一个层面的工作，最终目标是促进孩子们更健康地成长，促进整体教育水平的提升。

对于开展这项工作的指导师本人来说,显然需要树立目标管理的意识,提高实现目标的能力。很多时候,我们要重视过程性目标和结果目标的衔接。以前述案例3-6为例,要真正帮助小樱,至少要实现以下几个过程性目标。

第一,向小樱父母解释现状形成的原因:与母亲保持距离经营人生的不善于情感交流或者说情感交互比较迟钝的性格特征不无关系,一个缺乏自信的母亲带着距离感教育孩子。小樱母亲还缺乏教育孩子的科学知识,同时她自己对社会的认识水平也流于肤浅。这些导致她对女儿的教育无效,同时由于女儿由爷爷奶奶带养,亲子关系出现一定的缺位。小樱是在比较孤立而又不愿意承认孤立的情况下成长的。小樱父亲的性格决定其行为具有收缩性,对母亲的正向干预基本也不存在。小樱处在一个由能力欠缺又不能客观看待自己的母亲主导的家庭成长环境。

第二,小樱要实现改变,就需要呵护其内心尚存的美好愿望,需要从她的母亲改变与女儿的相处方式和对女儿的教育方式开始,这又需要母亲自己重新检视并尝试改变对自己和世界的态度。母亲找回真实自我和自信的过程,就是支持女儿发生行为迁移并找到读书感觉的过程。这需要一个润物细无声的疗程。

第三，鼓励小樱的母亲和父亲与专业服务机构保持可持续的咨询关系，逐步改变个人认知（尤其是母亲），从中找到更好的支持女儿的方式。

第四，帮助小樱的母亲改变已经习惯了的对女儿的教导式教育方式，她没有教导的能力，教导女儿都只是她自己掩盖自卑的手段。要变无效的教导为"陪读"，陪伴女儿读书，和女儿一起学习。陪读，不是教导、不是指导；也就是说，母亲既不是教练员，也不是裁判员，而是和女儿一起运动的运动员。

第五，放低对女儿的学业期望值，认识到未来一技之长对女儿更为合适的社会就业趋势。并在实际生活中发现更有价值的人生意义，让女儿成长为一个健康快乐的幸福的普通人，说不定倒是会造就一个有所成就的女儿。当然，这还要看她自己的发展，眼下不应该"拔苗助长"。

如何设定工作目标？依据什么来设定工作目标？这是摆在家庭教育指导师面前很重要的命题。本套丛书中不同侧面的知识体系，是家庭教育指导师必须掌握的基本知识工具，有了这些知识工具，我们才有可能回答这两个问题。

五、家庭教育指导的方法

我们在了解了家庭教育指导的主体、对象、环境和目标之后，再来讨论家庭教育指导的方法，这样比较好一点。我们常说"法无定法"，并不是说没有方法、随意做，而是说"有方法，同时要灵活机动，根据实际变化着运用"。

方法由技巧和策略两部分组成。关于技巧，无论是课堂技巧还是面谈技巧，大部分学习者都具有生活和工作经验，并且其中面谈技巧在本套丛书中的《社会发展与家庭教育》第三章中会有介绍。这里讨论关于策略的问题：家庭教育指导服务必须重视系统思考和系统性解决方案。

家庭内部是一个微观系统，家庭又是一个外部更大系统的一部分，同时家庭与学校之间存在认知和要求的不对称。我们要看到系统的存在，把对象放在系统中去理解。

案例3-8

我要跳河了

小顾今年读初二，成绩较差，作业不肯做。爸爸是上门女婿，这几日休息在家，紧逼着儿子必须做完那些暑期作业。小顾跑到河边，在河边打电话给奶奶——"你来管管你这个大儿子，要不然，你以后再见不到我了，我跳河了。"说完，小顾就跑外婆那里去了。外婆心疼，怕外孙出事，哄了哄："你爸也是为你好，知道不？别发脾气了。"然后给小顾50块钱吃肯德基去了。

> 你一看就知道，这小顾不咋地；这外婆溺爱外孙；这爸爸说话不顶用；这上门女婿的家庭地位可能有问题。
>
> 你都看对想对了，小顾的父亲作为家庭核心一代的地位并没有确立起来，小顾的外祖父母依然掌管着"家庭政权"，并且小顾的父亲不是"政权"继位人，小顾才是内定的"政权"继位人。所以，爸爸越发没有发言权，小顾越发我行我素，外婆越发溺爱外孙。而他们的姻亲家庭（小顾的爷爷奶奶家）仿佛对此也无能为力。

这个案例只是千姿百态家庭教育中问题家庭的一个缩影，家庭教育指导要想真正帮助到小顾这样的年轻一代，一定要考量他们的家庭环境，并从环境改善入手去施以援手。可以想象我们有多少工作要做。无论是科普宣教、针对性培训还是个案服务，都有很大的空间值得我们去发挥。用什么方法，取决于你的工作目标，你所看见和把握的环境、对象，以及你自己的能力情况。要在经过系统思考的基础上，再去寻求系统性的解决办法。

参考文献

[1] 伯格.人格心理学(第7版)[M].陈会昌,等,译.北京:中国轻工业出版社,2010.

[2] 卡特.成长中的家庭:家庭治疗师眼中的个人、家庭与社会(第三版)[M].高隽,等,译.北京:世界图书出版公司,2007.

[3] 梁漱溟.教育与人生[M].北京:当代中国出版社,2012.

[4] 迈尔斯.社会心理学(第8版)[M].侯玉波,乐国安,张智勇,等,译.北京:人民邮电出版社,2009.

[5] 帕尔默.九型人格[M].徐扬,译.北京:华夏出版社,2006.

[6] 孙云晓.家校合作共育:中国家庭教育的新趋势[M].北京:中国人民大学出版社,2020.

[7] 相旭东.落地的感觉:家庭成长心理咨询手记[M].上

海：上海社会科学院出版社,2013.

[8] 相旭东.心理疏导技术和运用[M].上海：上海社会科学院出版社,2016.

[9] 晏红.家庭教育指导概论[M].北京：教育科学出版社,2019.

后记

心理疏导和家庭教育个案咨询做得久了,对芸芸众生便有了更直观和深刻的体验。我经常跟身边人感慨人类生命的韧性。没有做过个案咨询的人大概不能理解,很多被父母亲送来求助的孩子,他们生命情感中经历了多少不必要的、没来由的、莫名其妙的"爱的伤害"。爱怎么会伤害人呢?仔细想想,你发过的最大的脾气和火气是不是冲着你爱的人去的?你的很多纠结和愤懑是否来自那个爱你的人?

我们被自己的情绪左右,太多的家长在家庭教育过程中被自己的情绪掌控,以至于失去了判断是非曲直的能力。是家庭教育的困境让家长们更焦虑,还是家长们的焦虑让家庭教育一步步陷入困境?这个问题值得思考,应该是二者互为因果,伴生而长。

本套丛书五个分册,基本涵盖了家庭教育中可能出现的困难要素。对家庭教育指导服务的实践者来说,经常出现好比盲人摸象的情形。很多指导工作者热衷于某一种心理学的临床技术或者流行的方法,动辄对出现厌学行为或者自我妨碍行为的孩子进行心理测评,把心理咨询和治疗当作化解教育问题的万灵药,这是一种令人忧虑的现象。稍有疑惑就上医院接受诊断,实际上可能只是触摸到了造成孩子不如人意之行为表现的一部分原因,甚至可能本末倒置、缘木求鱼。让一个孩子产生生命轨迹变形的原因不会那么单一,往往都是多重原因组合起来才发生了令人惋惜的变化。

盲人摸象式的关心,看起来大家都很重视孩子们的心理健康,实际上是大家都很紧张孩子们的心理健康。紧张不等于重视。重视孩子们健康成熟人格的发展,往往并不在于你为孩子做了什么事情,而是取决于你为孩子做对了什么事情。

每一个家长都有责任反思自己:"我为孩子创造了怎样的家庭文化氛围?我为孩子的身心发展提供了哪些支持?我为孩子实施了怎样的家庭学习管理?我为孩子创设了怎样的家庭人际关系?我为孩子发掘了怎样的社会支持?"这五个问题,就是我们五个分册的核心:家庭文化影响了家庭教育,家庭教育必须吻合孩子身心发展,学习管理成就孩子的学习效能,家庭关系左右着孩子的心理动力,社会发展的公共服务要真正有助于家庭教育。

很遗憾,对于这五个问题,有些家长一个也回答不了,他们这些方面都没有做好。自己做不好的,却要求孩子做好;自己一直在生产负面能量,却要求孩子的生命仓库里有阳光。这实在是一种困难。这就是我们今天碰到的家庭教育的困难。家长们需要学习和提高,孩子们需要拥有更好的家庭成长环境。

因为和上海开放大学王伯军副校长谈论过家庭教育指导的实践,我便接受了主编这套丛书的任务,对此我感到很荣幸,也倍感责任重大。丛书从立项到正式出版,只用了半年多的时间。能够在这么短的时间内完成,要感谢上海开放大学王伯军副校长、上海市教育委员会江伟鸣调研员和上海开放大学非学历部王松华部长、姚爱芳副部长四位领导和其他工作人员的大力支持。同时要感谢丛书每一位编写人员,特别是孙传远、陈小文、张竹林和丁敬耘四位同志,除了完成各自负责章节的编写,他们还分别承担了本丛书中的《家庭文化与家庭教育》《家庭关系与家庭教育》《学习管理与家庭教育》和《社会发展与家庭教育》的主编任务。丛书编写之初,我们分别召集五个分册的编写人员召开了小组研究交流活动,统一了思想观点和实操认知。每一分册都由至少四位编写人员通力合作来完成。术业有专攻，家庭教育涉及诸多方面，我们编写团队发挥各自的优势，相互补充和完善，很好地完成了编写方案，实现了预期目标。

书中大部分案例都来自编写者在家庭教育指导领域的实践，对案例主人公进行了必要的个人信息模糊化；其中比较详尽呈现的案例，不仅作化名处理，还特意征询了实际当事人的意见，征得了他们的同意。这套丛书的出版，也要感谢那些曾经向我们求助如今支持我们的家长朋友们。

"家庭教育指导丛书"的出版，还要感谢上海远东出版社张蓉副社长和她领导的编辑团队，他们为丛书的设计和出版付出了辛勤的劳动和智慧。

作为主编，我参与了每一分册的编写，深知每一本书里都饱含作者深深的感情和思想，搁笔之际，倍感留恋。再次对每一位编写者表达真诚的敬意，并代表全体编写人员表达我们共同的心愿：愿本丛书能给千百万家庭带去温馨、力量和阳光。

相旭东

2021年5月15日于茸城半日轩